近思录

JINSI LU

〔宋〕朱　熹　〔宋〕吕祖谦 ◎ 著

光明日报出版社

图书在版编目（CIP）数据

近思录 /（宋）朱熹，（宋）吕祖谦著 . -- 北京：
光明日报出版社，2014.7（2024.3 重印）
（光明岛）
ISBN 978-7-5112-6302-5

Ⅰ. ①近… Ⅱ. ①朱… ②吕… Ⅲ. ①理学—中国—
南宋 Ⅳ. ① B244.71

中国版本图书馆 CIP 数据核字（2014）第 069564 号

近思录
JINSI LU

著　　者：〔宋〕朱　熹　〔宋〕吕祖谦

责任编辑：阴海燕　　　　　　　　　责任校对：王腾达
封面设计：博文斯创　　　　　　　　责任印制：曹　净

出版发行：光明日报出版社
地　　址：北京市西城区永安路 106 号，100050
电　　话：010-67022197（咨询），67078870（发行），67019571（邮购）
传　　真：010-67078227，67078255
网　　址：http://book.gmw.cn
E - mail：lijuan@gmw.cn
法律顾问：北京德恒律师事务所龚柳方律师

印　　刷：北京一鑫印务有限责任公司
装　　订：北京一鑫印务有限责任公司
本书如有破损、缺页、装订错误，请与本社联系调换，电话：010-67019571

开　　本：150mm×220mm　　　　　　印　　张：12
字　　数：150 千字
版　　次：2014 年 7 月第 1 版
印　　次：2024 年 3 月第 4 次印刷
书　　号：ISBN 978-7-5112-6302-5

定　　价：29.80 元

目　录

卷一　道体

濂溪先生曰①：无极而太极②。太极动而生阳，动极而静；静而生阴，静极复动。一动一静，互为其根③。分阴分阳，两仪立焉④。阳变阴合，而生水、火、木、金、土⑤。五气顺布⑥，四时行焉。五行，一阴阳也⑦；阴阳，一太极也；太极，本无极也。五行之生也，各一其性⑧。无极之真，二五之精，妙合而凝，乾道成男，坤道成女⑨。二气交感，化生万物，万物生生而变化无穷焉。惟人也，得其秀而最灵⑩。形既生矣，神发知矣，五性感动而善恶分，万事出矣⑪。圣人定之以中正仁义而主静，立人极焉⑫。故圣人与"天地合其德，日月合其明，四时合其序，鬼神合其吉凶"。君子修之吉，小人悖之凶。故曰："立天之道，曰阴与阳；立地之道，曰柔与刚；立人之道，曰仁与义。"又曰："原始反终，故知死生之说。"大哉《易》也，斯其至矣！

【注释】

① 濂溪先生：即周敦颐，字茂叔，被学界誉为宋明理学开山鼻祖之一。著有《太极图说》《通说》等书。此节出自《太极图说》，为理学的理论基础，而《太极图说》则为宋代理学最重要的典籍之一。

② 无极而太极：无极，出自《老子》，指无形无相、无声无色、无始无终的宇宙本原。太极，出自《周易·系辞上》："易有太极，是生两仪。"朱熹则认为此句应作"无极而太极"，意思是说太极是理，包含天地万物之理的是太极，无极即表示理之不见形迹。

③ 互为其根：意思是说动和静这两者相依相存，循环变化，互为起点。根：根基，基础。

④ 两仪：即阴阳。

⑤ "阳变阴合"句：意思是阳气变动，阴气随之配合而动。由于阴阳的变合，生化出五行。

⑥ 五气：即五行之气。

⑦ 一：归一，即归本。

⑧ 各一其性：五行作为五种物质，各自又有其特性。

⑨ 真：本真，本来面目。精：精深微妙。二五：两仪和五行的合称。这几句话解释人形成的原因。

⑩ 交感：相互感应。秀：指天地间的灵秀之气。

⑪ 知：指智。五性：指五行之性。五性感动：五行之性有感于外物而动。

⑫ 人极：指社会的准则。极，纲纪，准则。

【译文】

周敦颐先生说：无极就是太极。太极动就生发阳，动到极点就回归静；静便生发阴，静到了极点又回归到动。动和静，循环反复，互为起点。由于太极的动静变化从而形成天地。由于阴阳的变合，生化出水、火、木、金、土五行。五行之气流传散布，推动了春、夏、秋、冬四时更替运行。五行的来源是阴阳；阴阳的来源是太极；太极的根本是无极。五行作为五种物质，各自又有其特性。无极的本真与阴阳五行的精微神妙地结合起来而凝聚成形体，男人具备天道的阳刚之性，女人具备地道的阴柔之性。阳刚之气与阴柔之气互相感应，从而化生出天地万物，万物生生不息而变化无穷。万物之中的人类，禀赋了天地间的灵秀之气而成为万物之灵。人的形体形成了，神智也感发而形成了心智，其中的五行之气有感于外物而生发出了有善恶之分的情感，于是错综纷杂的事情也跟着形成。在善恶的面前，圣人行动上坚守中正仁义，而内心固守"静"，就这样树立起社会的准则。能够做到这样的圣人，就如《周易》所说，其德契合天地运行之道，其光明等同于日月的光辉，其进退之序符合四季更替运行之道，其吉凶与鬼神所降祸福一致。君子因为修养中正仁义，因此万事大吉；小人因为违背中正仁义，因此遭遇灾凶。所以，《周易》中这样说过："阴和阳是树立天的法则，刚和柔是树立地的法则，仁和义是树立人的法则。"又讲："考察本始，探究终了，就能够明白死生的道理。"《周易》这本书确实太伟大了，讲的是至高无上的道理。

心一也，有指体而言者①，有指用而言者②，惟观其所见何如耳。

【注释】
① 体：指事物的本体与本质。
② 用：指现象与功用。

【译文】
"心"的内涵丰富而名称一致，有时提及"心"是对本体而言，有时却是对它的功用而言，只在于你看到的是心的本体还是心的功用了。

乾，天也。天者，乾之形体；乾者，天之性情。乾，健也，健而无息谓之乾。夫天，专言之则道也①，"天且弗违"是也。分而言之，则以形体谓之天，以主宰谓之帝，以功用谓之鬼神，以妙用谓之神，以性情谓之乾。

【注释】
① 专言：与下文"分而言之"前后呼应，即不区分形体、功用、妙用、性情这四个方面而总括起来说。

【译文】
乾，也就是天。天，是乾的外在形体；乾，是天的内在性情。乾的意思是壮健，壮健运行而不停息就称为乾。说到天，如果总体来说指的就是道，连上天都不违背道。如果分开具体说，那么就将其形体称为天，将其主宰者称为帝，将其运行四时化育万物之功用称为鬼神，将其神妙之作用称为神，将其性情称为乾。

四德之元①，犹五常之仁②。偏言则一事，专言则包四者。

【注释】

① 四德：即是乾卦具备的四德，元、亨、利、贞。元的意思就是广大、开始，亨的意思就是亨通，利的意思就是祥和，贞的意思就是贞正、坚固。

② 五常：谓仁、义、礼、智、信。

【译文】

《乾》卦具备的四德中的元，地位就像五常中的仁。偏指一层含义的时候就专指"元"这个意思，如果单独提及"元"，那么它连"亨、利、贞"的意思也包含在其中。

　　天所赋为命，物所受为性。

【译文】

上天赋予的，称为命；万物禀受的，称为性。

　　鬼神者，造化之迹也。

【译文】

鬼神，是神奇巧妙而不见形影的自然创作者表现出的迹象。

　　人性本善，有不可革者，何也？曰：语其性，则皆善也；语其才，则有下愚之不移。所谓下愚有二焉，自暴也，自弃也①。人苟以善自治，则无不可移者。虽昏愚之至，皆可以渐磨而进。惟自暴者拒之以不信，自弃者绝之以不为，虽圣人与居②，不能化而入也。仲尼之所谓下愚。然天下自暴自弃者，非必皆昏愚也，往往强戾而才力有过人者，商辛是也③。圣人以其自绝于善，谓之下愚。然考其归，则诚愚也。既曰下愚，其能革面，何也？曰：心虽绝于善道，其畏威而寡罪，则与人同也。惟其有与人同，所以知其非性之罪也。

【注释】

① "所谓下愚有二焉"三句：出自《孟子·离娄上》："自暴者，不可与有言也；自弃者，不可与有为也。言非礼义，谓之自暴也；吾身不能居仁由义，谓之自弃也。"

② 圣人与居：和圣人居住生活在一起。

③ 商辛：即商纣王，名受，号帝辛。

【译文】

人性本来是善的，但又说有些人不能弃恶从善，为何这样说呢？回答是：若论人的本性，人人的本性都是善的；若从人才的角度讲，那么就存在下等昏愚而不能改变的情况。所谓"下愚"有两种情况：一种是自暴，即是自甘堕落；一种是自弃，即是放弃向善，不求上进。人们如果能够以善的标准严格要求修治自己，那么就没有不可改变的。即使是最昏愚的人，也都可以慢慢磨砺而逐渐上进。只有自暴者不相信这个道理而拒绝弃恶向善，自弃者由于没有去践行而弃绝向善，即使让他们和圣人居住生活在一起，也不能教化他们使他们走上向善之道。这两种人便是孔子所说的"下愚"的人。但是天下自暴自弃的人，并非都是昏愚之流，往往是强横凶暴并且才智出众的人，就像商纣王。这样的人内心拒绝从善，因此圣人将他们称为下愚。然而考察一下他们最后的下场，那确实是昏愚的。既然说某人是下愚之辈，而他又能彻底悔改，这又是什么情况呢？回答是：他们心中虽然拒绝弃恶向善，但心里害怕君威，因此少犯过错，于是他们看起来与一般的人没什么区别。正因为他们有与人相同之处，因此可知他们的愚恶不是本性之罪。

医书言手足痿痹为不仁①，此言最善名状。仁者以天地万物为一体，莫非己也。认得为己，何所不至？若不有诸己，自不与己相干。如手足不仁，气已不贯，皆不属己。故"博施济众"，乃圣之功用。仁至难言，故止曰："己欲立而立人，己欲达而达人。能近取譬②，可谓仁之方也已。"欲令如是观仁，可以得仁之体。

① 手足痿痹：指手足瘫痪和麻痹。

② 能近取譬：能就自身打比方。比喻能推己及人，替别人着想。

【译文】

　　医书上说人的手足不能动或丧失感觉就叫作不仁，这是对不仁的最好的解释。有仁德的人把天地间的万事万物看作一体，没有任何事物和自己没有关系。把万事万物都看作自身，还有什么仁爱之事不能做到呢？若不看作属于自身，那么自然就与自己没有关系。就像手足患了不仁这种病，血气已经不贯通了，手足就都不是自身的一部分了。因此孔子说"博施济众"，这是圣德功用的具体表现。仁是最难说清楚的，因此孔子只说："自己想要站得住也要使他人站得住，自己欲事事行得通也应使他人事事行得通。能推己及人，替别人着想，就可以说是行仁的方法了。"如果能让人们从这一层面来认识仁，就可以深知仁的本质了。

　　义训宜，礼训别，智训知，仁当何训？说者谓训觉、训人，皆非也。当合孔孟言仁处，大概研穷之，二三岁得之，未晚也。

【译文】

　　义可释为合宜，礼可释作辨别，智可释为见识，那么仁可释为什么呢？训诂的人说可以释为觉，或释为人，都不正确。应该把孔子和孟子论及仁的言语全部集中起来，从大的方面深入研究，花两三年的时间能得出结论，也不会太晚。

　　性即理也。天下之理，原其所自，未有不善。"喜怒哀乐未发"，何尝不善？"发而中节"①，则无往而不善。凡言善恶，皆先善而后恶；言吉凶，皆先吉而后凶；言是非，皆先是而后非。

【注释】

① 发而中节：出自《礼记·中庸》："喜怒哀乐之未发谓之中，发而皆

中节谓之和。"意为喜怒哀乐未发之时，已发之时，都无不善，可见理也无不善。

【译文】

性相当于理。天下的理，追溯探究它们的来源，没有不善的。喜怒哀乐这些情感没有抒发出来的时候，哪里有什么不善？抒发出来是节制有度，则无论怎样抒发都没有不善的。人们说到善恶的时候，都是先提及善后提及恶；说到吉凶的时候，都是先提及吉后提及凶；说到是非的时候，都是先提及是后提及非。

问：心有善恶否？曰：在天为命，在义为理，在人为性，主于身为心，其实一也。心本善，发于思虑，则有善有不善。若既发，则可谓之情，不可谓之心。譬如水，只可谓之水。至如流而为派，或行于东，或行于西，却谓之流也。

【译文】

有人问程颐：心有善恶之分吗？他回答说：命、理、性、心虽然概念不同，讲的却是同一回事，体现在天的是命，体现在物的是理，体现在人的是性，主宰身体的是心。心本来是善的，通过思虑表现出来，就有善与不善的区别。如果已经表现出来，那就只可叫作情，而不能叫作心了。打个比方，水一开始叫作水。等到汇集成流，形成水道的时候，有的向东流，有的向西流，却只能叫作流了。

性出于天，才出于气。气清则才清，气浊则才浊。才则有善有不善，性则无不善。

【译文】

人的本性是上天所赋予的，才则由气禀决定。禀受的气清那么才就清，禀受的气浊那么才就浊。才有善与不善的区别，天性则没有不善的。

性者自然完具，信只是有此者也。故四端不言信。

【译文】

天性是自然完备的，信是存在于仁、义、礼、智之中的，所以孟子谈仁、义、礼、智这四端而没有提及信。

心，生道也①。有是心，斯具是形以生。恻隐之心，人之生道也。

【注释】

① 生道：万物生长发育的道理。

【译文】

心是生命的本源。有了这个心，人才拥有了形体，进而得以生长发育。而人的恻隐之心，也体现了天地生长发育万物之心。

游气纷扰，合而成质，生人物之万殊；其阴阳两端，循环不已者，立天地之大义。

【译文】

浮动游离的气错乱不堪，聚集起来成为形质，进而生成了各种各样的人和物；阴阳二气循环往来，永不停息，是天地得以建立的根本原因。

天体物不遗，犹仁体事而无不在也。"礼仪三百，威仪三千"①，无一物而非仁也。"昊天曰明，及尔出王；昊天曰旦，及尔游衍。"②无一物之不体也。

【注释】

① 礼仪三百，威仪三千：出自《中庸》："大哉圣人之道！洋洋乎！发育万物，峻极于天。优优大哉！礼仪三百，威仪三千。待其人而后行。"

威仪,古代祭享等典礼中的动作仪节及待人接物的礼仪。威仪三千,是对《仪礼》一书所记三千事之礼的概括。

②昊天曰明,及尔出王;昊天曰旦,及尔游衍:出自《诗经·大雅·板》。昊天:苍天。王:往。旦:即明。游衍:游玩闲逛。

【译文】

天是生育万物的本体,就像仁心滋生出所有的事一样。"礼仪三百,威仪三千",没有一件事物不体现着仁。"苍天的双眼最明亮,和你共同来往;苍天的双眼最明亮,和你共同游玩闲逛。"没有一件事物不体现着天理。

鬼神者,二气之良能也①。

【译文】

屈伸往来鬼神莫测,是阴阳二气的天赋功能。

物之初生,气日至而滋息。物生既盛,气日反而游散。至之谓神,以其伸也;反之谓鬼,以其归也。

【译文】

万物初生的时候,所禀赋的气一天天聚集起来使它得以滋长生息。当事物发展到极盛的时候,气就一天天游离散去,回到太虚之中。气聚集起来叫作神,因为它使事物得以伸展生长;气游离散去叫作鬼,因为它回归到太虚之中。

性者万物之一源①,非有我之得私也。惟大人为能尽其道②。是故立必俱立,知必周知,爱必兼爱,成不独成。彼自蔽塞而不知顺吾性者,则亦未如之何矣。

①性:张载所说的性包括天地之性和气质之性。此处是指天地之性。
② 大人:出自《周易·乾卦·文言》:"夫大人者,与天地合其德,与日月合其明,与四时合其序,与鬼神合其吉凶。"此处的大人就是指圣人。

【译文】
天地本原之性是万物之性的同一根源,并非我一人独自拥有。只有圣人才知道万物与我同一性这个道理,才能充分发挥自己所禀赋的天地本善之性。所以他要立身的话就一定让众人也跟着立身,他拥有智慧就要遍及各处,他仁爱的话就一定是广泛地爱一切人与物,他有所成就就会使得所有人都有所成就。至于那些天性闭塞而且不懂得遵循天性发展的人,不知道会变成什么样的人。

一故神①。譬之人身,四体皆一物,故触之而无不觉,不待心至此而后觉也。此所谓"感而遂通","不行而至,不疾而速"也。

【注释】
①一故神:出自《正蒙·参两篇》:"一故神(两在故不测),两故化(推行于一),此天之所以参也。"

【译文】
世上各样物类是同一体的,因此才会产生神妙不测的变化。这可以拿人的身体来打比方,四肢属于同一体,因此不管触碰哪一个部位都能产生感觉,不用等到心刻意想到哪个部位才会产生感觉,这和《周易》中"感而遂通""不行而至,不疾而速"的道理一样。

心统性情者也。

【译文】
"心"既包含了未与物相接时寂然不动的"性",也包含为物所感时牵动的"情"。

凡物莫不有是性①。由通、蔽、开、塞，所以有人物之别；由蔽有薄厚，故有知愚之别。塞者牢不可开。厚者可以开②，而开之也难；薄者开之也易。开则达于天道，与圣人一。

① 性：指天地本原之性。
② 厚者：蒙蔽得严重的。

【译文】

　　世上各种物类都具有天地本原之性。由于此性通透、蒙蔽、开启、闭塞的情况不同，因此有了人和物的区别。由于本善之性被蒙蔽的程度有厚薄的异同，因此有了聪明与愚蠢的区别。天性如果十分闭塞，那么就不可开启；蒙蔽程度严重的可以开启，但要开启非常困难；蒙蔽程度不严重的开启较容易。而人的天性被开启了就与天道相通，那么就和圣人一样了。

卷二　为学

濂溪先生曰：圣希天①，贤希圣，士希贤。伊尹，颜渊，大贤也。伊尹耻其君不为尧舜②，一夫不得其所，若挞于市；颜渊不迁怒③，不贰过，三月不违仁。志伊尹之所志，学颜子之所学，过则圣，及则贤，不及则亦不失于令名。

【注释】

① 天：天道。希：效法。

② 伊尹：名挚，又名阿衡。夏末商初人。曾辅佐商汤王建立商朝，被后人尊之为中国历史上的贤相，奉祀为"商元圣"。

③ 颜渊：颜回，字渊，是孔子的弟子。

【译文】

周敦颐说：圣人希望自己能够达到天人的标准，贤人希望自己能够达到圣人的标准，士人希望自己能够达到贤人的标准。伊尹和颜回，都是古时候的大贤人。伊尹认为自己如果不能辅助君王成为尧舜那样的圣君，就感到耻辱，国中有一个男子没有处于合适的位置，他就像在闹市中被鞭挞一样感到耻辱；颜回不把自己的怒气发泄到他人身上，犯了一次错就不会犯同样的错，他的心一直没有离开仁德。如果一个人能够把伊尹"致君尧舜上"的志向作为自己的志向，学习颜回在体悟圣人之道中追求圣人的精神境界，那么若超过这两个人，此人就有希望成为圣人，赶上了这两个人就有希望成为贤人，即使赶不上这两个人也不会失去自己的美名。

圣人之道入乎耳，存乎心，蕴之为德行，行之为事业。彼以文辞而已者，陋矣。

近思录

圣人所说的道理要从耳朵里听进去,牢记并蕴含在心中,将其发展为德行,并将践行圣人之道看作毕生的事业。那些认为学习圣人之道只需从圣人的文辞上下功夫的人,见识有点浅陋了。

伊川先生《答朱长文书》曰①:圣贤之言,不得已也。盖有是言,则是理明;无是言,则天下之理有阙焉。如彼耒耜陶冶之器,一不制,则生人之道有不足矣②。圣贤之言,虽欲已,得乎?然其包涵尽天下之理,亦甚约也。后之人始执卷,则以文章为先。平生所为,动多于圣人。然有之无所补,无之靡所阙,乃无用之赘言也。不止赘而已,既不得其要,则离真失正,反害于道必矣。来书所谓欲使后人见其不忘乎善,此乃世人之私心也。夫子"疾没世而名不称焉"者③,疾没身无善可称云尔,非谓疾无名也。名者可以厉中人④。君子所存,非所汲汲。

【注释】

① 朱长文:苏州吴县(今属江苏)人,其字伯源,号乐圃。曾为秘书省正字兼编修。

② 耒耜陶冶之器:泛指农耕、制陶、冶炼等工具。耒:古代一种可以脚踏的木制翻土农具。耜:耒下铲土的部件,初以木制,后以金属制作,可拆卸置换。一说,耒、耜为独立的两种翻土农具。生人:生长养育人。生人之道:生长养育人民的手段,实指人民日常生活所用的工具。

③ 疾没世而名不称焉:出自《论语·卫灵公》。程颐认为此处"名不称"是指人逝世之后没有善行值得称道,不是指没有名气。

④ 中人:出自《论语·雍也》:"子曰:中人以上可以语上也,中人以下不可以语上也。"后世据此将人性分为上、中、下三等。中人对善的态度是可有可无。

【译文】

程颐在回复朱长文的信中说:圣贤的言论,是在不得已的时候才说出来的。因为有他的言论,道理就非常明白了;没有他的言论,那么世上的道理就会有所缺失。这就像耕地用的耒耜、烧制陶器的陶具、冶炼金属的冶具等器具一样,其中有一样没有制作出来,世人日常生活所用的工具就不能得到满足。圣贤的言论即使他想不说,可以吗?他们的言论包含尽天下之理,却说得十分简约。后人开始学读书的时候,就先从文章入手。一个人平生所写的文章,动不动就要比圣人多得多。但有了这些文章对于世道没有什么补益,没有这些文章世道也没有什么欠缺,都是些没有用的冗词废话。不仅仅没用多余,既然所论说的没有抓住要点,就会远离真正的事实,对圣人之道有害是肯定的了。来信中提及多写文章是为了让后人知道自己没有忘记善道,这样的行为也是世人的私心所使。孔子说过"疾没世而名不称",孔子是痛恨逝世之后没有什么善行值得称道,不是痛恨自己死后没有名声。可以用名来激励中等的人亲近善道。但君子的存心,并不是急切去追求名。

内积忠信,所以进德也;择言笃志,所以居业也。知至至之,致知也。求知所至而后至之,知之在先,故可与几。所谓"始条理者知之事也"。知终终之,力行也。既知所终,则力进而终之,守之在后,故可与存义,所谓"终条理者圣人之事也"[1]。此学之始终也。

【注释】

[1] "始条理者知之事也""终条理者圣人之事也":出自《孟子·万章下》:"孔子,圣之时者也。孔子谓之集大成。集大成也者,金声而玉振之也。金声也者,始条理也;玉振之也者,终条理也。始条理者,智之事也;终条理者,圣之事也。"此处用奏乐打比方,以钟发声,代表节奏条理的开始;以磬收韵,代表节奏条理的终结。条理的开始是智者的事,条理的终结是圣人的事。

【译文】

内心忠信的积累,是增进道德的方法;选择恰当的言辞,坚定至诚的心志,是保有功业的途径。认识到时机来了就马上付之行动,这样就能获得知识。弄明白应该实现的目标而后去实现，是知发生在行的前面，这样可以说是把握了事物的征兆。这就是孟子所说的"始条理者知之事也"的意思。知道该结束的时候就使之结束，这是努力践行的体现。已经认识到该结束了，就努力推进使之结束，在这个过程之后守持所得到的东西，因此可以保全道义，这就是孟子所说"终条理者圣人之事也"的意思。这就是做学问的开头和结尾。

动以天为无妄，动以人欲则妄矣。《无妄》之义大矣哉！虽无邪心，苟不合正理，则妄也，乃邪心也。既已无妄，不宜有往，往则妄也。故《无妄》之《象》曰："其匪正有眚，不利有攸往。"

【译文】

依循天道行动就是无妄，受人欲驱使而行动就是妄了。《无妄》这一卦的内涵太伟大了！虽然没有邪妄之心，但由于不明天理导致行为违背正理，也就是妄，也是有了邪心。既然达到了无妄的境界，就不宜再进一步行动，再往前就妄了。因此《无妄》的《象》辞说："其匪正有眚，不利有攸往。"

人之蕴蓄，由学而大，在多闻前古圣贤之言与行。考迹以观其用，察言以求其心，识而得之，以蓄成其德。

【译文】

人的德行和知识的积累，要通过学习才能博大，学习的关键在于多了解古代圣贤的言行举止。要考察圣贤的行为，以认识他们行为的功用；要考察圣贤的言论，以推究他们言论的用心。能够认识并学得圣人言行的道理，这样日积月累就自然养成自己的德行。

《咸》之《象》曰："君子以虚受人。"《程氏易传》曰：中无私主，则无感不通。以量而容之，择合而受之，非圣人有感必通之道也。

其九四曰："贞吉，悔亡，憧憧往来，朋从尔思。"传曰：感者人之动也，故《咸》皆就人身取象。四当心位而不言"咸其心"，感乃心也。感之道无所不通，有所私系①，则害于感通，所谓"悔"也。圣人感天下之心，如寒暑雨旸，无不通无不应者，亦贞而已矣。贞者虚中无我之谓也。若往来憧憧然，用其私心以感物，则思之所及者有能感而动，所不及者不能感也。以有系之私心，既主于一隅一事，岂能廓然无所不通乎②？

【注释】

① 有所私系：受到偏私之心的约束和控制。有了私心，会妨碍感通，心便不通，因此九四爻辞提到会导致"悔"。

② 廓然：即扩然，谓推广一己，达到大公的境界。

【译文】

《周易·咸卦》的《象》辞说："君子应该谦虚地接受他人。"程颐在《程氏易传》中这样解释：内心如果没有自私之心这个主宰，那就没有什么事物不能感通的。如果用有限的心量去容纳他人，难免会选择那些合自己心的去接纳，这样做也就不是圣人有感必通之道了。《咸》卦的九四爻辞说："虚怀无私、大公无我就会吉利，就不会招致悔吝。如果心神不安，徘徊不定，就只有少数的朋友能顺从你的思路。"程颐在《程氏易传》中这样解释：感是人的行为动作，因此《咸》卦都以人身作为卦象或爻象来论说卦理。九四爻在卦中的位置相当于人身上心的位置，爻辞上却没有提及"咸其心"，是因为"感"本来就是通过心的活动存在的。感应之道是周广的，没有什么地方是不能感通，但如果受到私心的约束和控制，就会妨害感通，招致悔吝。圣人之感天下无不通应，就像自然界中寒暑阴晴有感必有通应。圣人能够无不通应，是因为他能做到"贞"。"贞"，意思是虚怀无私、公而忘我。如果心神不安、徘徊不定，用你的狭隘的偏私之心去感应他人，其结局就是思虑所及的地方才能受感应而动，思虑不及的地方就不能感应了。用受到约束和控制的偏私之心去感，你所感的地方就局限于某一角落某一事物，怎么还能推广到全天下让万事万物都与你感通呢？

君子之遇艰阻，必思自省于身，有失而致之乎？有所未善则改之，无歉于心则加勉，乃自修其德也。

【译文】

君子遭遇艰难险阻之时，一定要考虑自行省察，是自身有过失因此招致艰难险阻吗？自身做得不好的地方就改正，问心无愧就更应该自我勉励，只有这样做才能修养品德呀。

非明则动无所之，非动则明无所用。

【译文】

内心不明白事理，行动起来就不知道该走向何方；没有付之行动、就算心中明白事理也没有什么作用。

习，重习也。时复思绎，浃洽于中，则说也^①。以善及人，而信从者众，故可乐也。虽乐于及人，"不见是而无闷"^②，乃所谓君子。

【注释】

① 思绎：思索寻求，绎，寻绎，弄清楚事物的条理，引申为抽引推求。浃洽：融会贯通。

② 不见是而无闷：出自《周易·乾·文言》："遁世无闷，不见是而无闷。乐则行之，忧则违之。"不见是：不被认可，不被推崇。无闷：没有痛苦和烦恼。

【译文】

习，意思就是反复学习。时时反复思考、演绎，心中融会贯通，自然喜悦。自己美好的品行和博深的学识影响到他人，相信自己并跟从自己学习的人越来越多，因此是多么快乐呀。虽然自己因为能够影响他人而感到快乐，但是不被他人认可也不生气，这就是所谓的君子。

"古之学者为己"，欲得之于己也；"今之学者为人"，欲见知于人也。

【译文】

"古代学者学习的目的是为了提高自身的修养"，也就是说，想通过学习使得自己有所收获；"现在学者学习的目的是为了做给他人看"，也就是说他学习是为了让别人了解他。

明道先生曰："修辞立其诚。"不可不仔细理会。言能修省言辞，便是要立诚。若只是修饰言辞为心，只是为伪也。若修其言辞，正为立己之诚意，乃是体当自家"敬以直内，义以方外"之实事。道之浩浩，何处下手？惟立诚才有可居之处。有可居之处，则可以修业也。终日乾乾，大小大事①，只是"忠信所以进德"为实下手处；"修辞立其诚"，为实修业处。

【注释】

① 终日乾乾：出自《周易·乾卦》九三爻辞曰："君子终日乾乾，夕惕若，厉无咎。"乾乾：即健健，自强不息的样子。

【译文】

程颢说：《易经》里"修辞立其诚"这句话要仔仔细细地理解领会。此句表达的意思是修省自己的言辞，就是要确立真诚之心。如果心中只想修改润饰自己的言辞，那只是虚伪的行为。如果修省自己的言辞，正是为了确立自己的真诚心志，是琢磨言辞使其更好表达自己的心意，是"态度敬慎使得内心正直起来，表现正义使得行为规范起来"方面的实事。圣人之道广大无边，应该从什么地方入手去学习呢？只有确立真诚的心志才有扎实的根基，有了扎实的根基，就可以进德修业了。终日自强不息，这是十分重要的事情，只是"做到忠信以增进自身的道德"才是实实在在入手的地方；"修省言辞确立真诚"，是在实实在在地进德修业。

伊川先生曰：志道恳切，固是诚意。若迫切不中理，则反为不诚。盖实理中自有缓急，不容如是之迫。观天地化乃可知①。

【注释】
①观天地化：观察天地循序渐进地化育生长万物。也就是说，学道应该像天地化育生长万物一样，循序渐进，从容不迫。

【译文】
程颐说：有志于道并且态度诚恳殷切，这当然是诚意的表现。但如果心情迫切到不切合事理，反倒是不诚的表现。因为理自身就有缓急这方面的要求，不容许人如此急迫。观察一下天地化育万物而循序渐进，你就明白了。

昔受学于周茂叔，每令寻颜子、仲尼乐处，所乐何事？

【译文】
过去我在周敦颐门下学习，他常常让我寻思颜回和孔子快乐的地方，他们究竟因为什么而快乐呢？

所见所期，不可不远大，然行之亦须量力而有渐。志大心劳，力小任重，恐终败事。

【译文】
求学向道之人的眼光和抱负，要远大，但在具体的行动过程中要量力而行并循序渐进。如果志向过分远大使得心力交瘁，自身能力有限而任务过重，恐怕最后会败坏事情。

朋友讲习，更莫如相观而善工夫多。

卷二　为学

【译文】

志同道合的人在一起研讨学习,还不如观察彼此的优点并互相学习更见功效。

须是大其心使开阔。譬如为九层之台,须大做脚始得。

【译文】

做学问的人要把心放平使其更开阔。好比建九层高的楼台,需要打下庞大而牢固的根基才行。

明道先生曰:自"舜发于畎亩之中",至"百里奚举于市"①,若要熟②,也须从这里过。

【注释】

① 舜发于畎亩之中:出自《孟子·告子下》:"舜发于畎亩之中,傅说举于版筑之间,胶鬲举于鱼盐之中,管夷吾举于士,孙叔敖举于海,百里奚举于市。故天将降大任于斯人也,必先苦其心志,劳其筋骨……"这段话所举都是日后有所作为的人都曾经历贫困苦难的事例。

② 熟:意思是成就,即成就德行。

【译文】

程颢说:舜是从耕田起步的,百里奚在市集中被发现,如果你想要让自己的德行成熟起来,也必须像他们这些人一样经历贫困艰难。

参也竟以鲁得之①。

【注释】

① 参:曾参,字子舆,春秋末期鲁国南武城人。十六岁拜孔子为师,是儒家正统思想的正宗传人,他把孔子的思想和学问授之以徒,又将孔子的言行整理成《论语》,上承孔子之道,下开思孟学派,对孔子的思想一

以贯之。曾子在儒学发展史乃至中国文化史上均占有重要的地位。后世尊奉为"宗圣"。

【译文】

曾参竟然因为迟钝而学得大道。

明道先生以记诵博识为玩物丧志 ①。

【注释】

① 显道先生：谢良佐，是"二程"的著名门生。

【译文】

程颢认为记诵博识是玩物丧志的行为。

礼乐只在进反之间，便得性情之正 ①。

【译文】

礼乐体现在退让者力进、丰盈者退敛这一过程之中，符合这样的要求才能培养出端正的性情。

父子君臣，天下之定理，无所逃于天地之间。安得天分，不有私心，则行一不义，杀一不辜，有所不为 ①。有分毫私，便不是王者事。

【注释】

① 天分：天命，天理。《孟子·公孙丑上》曰："行一不义，杀一不辜而得天下，皆不为也。"

【译文】

父子关系，君臣关系，这是天定的名分，人不可能逃避这样的名分而到天地之外去。人要安心地接受天定的名分，不怀有私心，那么即使做一件不合乎道义的事，杀一个没有罪的人就能拥有天下，也耻于去做。

有一丁点私心，便不是治理天下的君主应行的事。

论性不论气，不备；论气不论性，不明。二之则不是。

【译文】
只论天命之性而不论气禀之性，知道共同的地方而不知道差异的地方，对人性的了解就不完备；只论气禀之性而不论天命之性，不了解人类共同的地方，对于人性就不能搞清楚明白。把天命之性与气禀之性区分开来讨论是不对的。

论学便要明理，论治便须识体①。

【注释】
① 论学：为学要将理作为根本，言语记诵是细末之事。论治：治国要将治体作为根本，制度礼法是末节。体：即治体，指治国的纲领、要旨。古人以治体与治法相对，治体具体指正心、诚意、齐家、伦常大法、格君之非等方面，治法指礼法刑政制度等具体的治国方法。
【译文】
讲论学问关键要明白义理，研究治国关键要懂得治国之本。

曾点、漆雕开已见大意，故圣人与之。

【译文】
曾点、漆雕开已经领悟圣人之道，因此孔子赞许他们。

根本须是先培壅，然后可立趋向也。趋向既正，所造浅深，则由其勉与不勉也。

为学首先要培植好根本,然后才能确立具体的目标。目标确立正确了,造诣的深浅,就看他是否努力了。

敬、义夹持直上,达天德自此。

【译文】

修身养性要做到内直外方,两相夹持,使人积极向上,想要上达天德,都得这么做。

懈意一生,便是自弃自暴[①]。

【注释】

① 自弃自暴:出自《孟子·离娄上》。自暴指不相信善道因此拒绝向善,自弃指不付之行动而弃绝向善。

【译文】

心中生发懈怠的念头,就会导致自暴自弃。

不学便老而衰。

【译文】

人不学习的话,年老的时候就会气衰。

人之学不进,只是不勇。

【译文】

人的学问没有进步,只是由于他没有勇猛地用功。

学者为气所胜、习所夺,只可责志。

【译文】

求学之人其志道之心被他固有的气质战胜，或者被他的旧习所干扰，这只能责怪他意志不够坚定。

内重则可以胜外之轻，得深则可以见诱之小。

【译文】

义理在内心蕴蓄得深就可以战胜外物，外物对内心的影响就显得轻了；对义理领悟得深了，外物的诱惑力自然就小了。

凡人才学便须知著力处，既学便须知得力处。

【译文】

人们开始学习的时候要弄清楚应该在哪方面下功夫，学习了一段时间之后要知道自己受益是由于什么。

有人治园圃，役知力甚劳。先生曰：《蛊》之《象》："君子以振民育德。"君子之事，惟有此二者，余无他焉。二者，为己为人之道也①。

【注释】

① 为己：和"古之学者为己"中的"为己"意思一样，即修养自己的心性。为人：此处指使民众振奋起来。

【译文】

有个人做园圃方面的工作，役使自己的才智和体力，非常劳累。程颢说："《周易·蛊卦》的《象》辞说：'君子的重任就是使人民振奋起来，使自己的道德得以培养。'君子所要做的事业，只有这两件事，没有其他事。这两件事，就已经体现了为己和为人之道。"

"博学而笃志,切问而近思",何以言"仁在其中矣"[①]? 学者要思得之。了此,便是彻上彻下之道。

【注释】

① "博学而笃志,切问而近思,仁在其中矣":出自《论语·子张》。

【译文】

"广泛地学习、坚持自己的志向,恳切地求教、思考要从近处出发",为什么说"仁德就存在心中"呢? 求学之人要思考弄清这个问题。领悟了其中的道理,学问就能做到上下贯通了。

弘而不毅,则难立;毅而不弘,则无以居之。

【译文】

做到宽宏而没有毅力的话,在学业上就很难有所立;具备毅力而不能宽宏的话,那么就无法守持。

修养之所以引年,国祚之所以祈天永命,常人之至于圣贤,皆工夫到这里,则自有此应。

【译文】

修身养性能够延长益寿,国家顺应天意从而长久存在,普通人通过修习能够达到圣贤的境界,都是因为功夫做到家了,便自然会有如此的回报。

忠恕所以公平。造德则自忠恕,其致则公平。

【译文】

做到忠恕自然就能公平。增进道德修养要从忠恕这方面下功夫,忠恕达到极致的境界就自然公平了。

仁之道,要之只消一个"公"字。公只是仁之理,不可将公便唤作仁。公而以人体之,故为仁。只为公则物我兼照,故仁,所以能恕,所以能爱。恕则仁之施,爱则仁之用也。

【译文】

要实现仁道,关键只要做到一个"公"字。公只是仁体现在外在的道理,不能把公当作仁。公在人身上体现出来,就是仁。只要能做到公就能兼顾自我与外物,就做到了仁,因此能够恕,也能够爱。恕实际就是仁的推行,爱实际就是仁的功用。

古之学者一,今之学者三,异端不与焉。一曰文章之学,二曰训诂之学,三曰儒者之学。欲趋道,舍儒者之学不可。

【译文】

古时的学问只有一种,现在的学问却有三种,异端之学还没有包括在内。第一种是文章之学,第二种是训诂之学,第三种是儒者之学。想要领悟圣贤之道,不研习儒者之学是行不通的。

涵养须用敬,进学则在致知。

【译文】

涵养道德要做到敬慎,进修学业的目的在于获得知识。

莫说道将第一等让与别人,且做第二等。才如此说,便是自弃。虽与不能居仁由义者差等不同,其自小一也。言学便以道为志,言人便以圣为志。

【译文】

莫说将第一等的志向让给他人去实现,自己却去实现第二等的志向。说出这样的话,便是自弃于善的体现。虽然与那些不能安居于仁遵循道义的人程度不一样,但却同样自卑。提及为学就要把学习圣人之道当作志向,提及做人就要把成为圣人当作志向。

问:"必有事焉",当用敬否?曰:敬是涵养一事。"必有事焉",须用集义。只知用敬,不知集义,却是都无事也。又问:义莫是中理否?曰:中理在事,义在心。

【译文】

有人询问:"一定要养气的话",应该做到持敬吗?程颐回答说:持敬是涵养性情的事情。"一定要养气的话",应该做到积累道义。只知持敬,不知积累道义,那是什么事情都没做成的。又询问:义难道不是指合乎理吗?程颐回答说:合乎理具体体现在处理事情上,义却存在心中。

问:敬、义何别?曰:敬只是持己之道,义便知有是有非。顺理而行,是为义也。若只守一个敬,不知集义,却是都无事也。且如欲为孝,不成只守着一个孝字。须是知所以孝之道,所以侍奉当如何,温清当如何 ①,然后能尽孝道也。

【注释】

① 温清:即冬暖夏凉,谓冬天用体温使被子温暖起来,夏天扇动扇子纳凉,这是古时所赞扬的侍奉父母之礼。《礼记·曲礼上》曰:"凡为人子之礼,冬温而夏清,昏定而晨省。"

【译文】

有人询问:敬和义的区别是什么?程颐回答说:敬只是自己修身的方法,义就是明白是非之分。依顺理去践行这就是义。如果只守住一个敬字,不知道要积累道义,那是什么事也没有做。比如想要做到孝,不能只守住一个孝字。应该要知道怎样做才能尽孝,侍奉父母应该怎么做,怎样做才能使得父母冬天温暖夏季凉爽,这样做的话才算尽孝顺之道啊。

学者须是务实，不要近名方是①。有意近名，则是伪也。大本已失，更学何事？②为名与为利，清浊虽不同，然其利心则一也③。

【注释】

　　① 近名：追求名誉。《庄子·养生主》曰："为善无近名，为恶无近刑。"

　　② 大本：即根本。儒家学问，其根本是诚与忠信。《礼记·中庸》曰："诚者自成也，而道自道也。诚者物之终始，不诚无物。是故君子诚之为贵。"

　　③ 利心：痴于利欲之心。

【译文】

　　求学向道在学问和修养上要讲究实际，不追求名誉才是正确的做法。刻意追求声名，就是虚伪的做法。如此的话求学向道的根本就丢失了，还需要学习什么呢？追求名与利，尽管有清高和浊俗之分，但是利欲之心都是一样的。

　　"仁者先难而后获。"有为而作，皆先获也。古人惟知为仁而已，今人皆先获也。

【译文】

　　"仁者先付之行动而后收获。"提前确定目标去做事，都是首先想到收获。古人只知道做什么事都是为了仁，现在的人都是先想到收获。

　　有求为圣人之志，然后可与共学；学而善思，然后可与适道；思而有所得，则可与立；立而化之，则可与权。

【译文】

　　只有一个人有想成为圣人的志向，然后才可以和他一起学习；在学习的过程中善于思考，然后才可以和他一起学习圣人之道；思考之后能有所收获，然后才可以和他一起依礼做事；依礼做事而又能融会贯通，然后才可以和他一起通权达变而使得行为合乎正义。

古之学者为己，其终至于成物；今之学者为物，其终至于丧己。

【译文】

古时求学向道的人是为了自身的修养，最终却成就了外物；现在求学向道的人却是为了做给他人看，最终却将自身具备之善也丢掉了。

君子之学必日新。日新者，日进也。不日新者必日退。未有不进而不退者，惟圣人之道无所进退，以其所造极也。

【译文】

君子求学向道一定要做到每天更新，每天更新就是指每天都进步。每天没有进步必然每天都在后退。没有不进步又不后退的情况，只有圣人的学问能够做到没有进退，那是由于圣人的造诣达到了极致的境界。

明道先生曰：性静者可以为学。

【译文】

程颢说：性情安静适合求学向道。

弘而不毅，则无规矩；毅而不弘，则隘陋。

【译文】

只知道广泛地学习而不奋然前进，学问上就无规矩；只知道奋然前进而不广泛地学习，学问就显得狭隘浅陋。

知性善，以忠信为本，此"先立其大者"。

【译文】

知道性善之后,把忠信作为求学向道的根本,这便是孟子所说的"先确立大的原则"。

伊川先生曰:人安重则学坚固。

【译文】

程颐说:做人安详稳重,那么所学的东西就能坚实稳固。

"博学之,审问之,慎思之,明辨之,笃行之。"五者废其一,非学也。

【译文】

"广泛学习,详细询问,慎重思考,明确分辨,切实履行。"学习的这五个环节丢掉一个,就不能称为学习了。

张思叔请问①,其论或太高,伊川不答。良久曰:"累高必自下。"

【注释】

① 张思叔:张绎,字思叔,是程颐的门生。

【译文】

张绎询问程颐问题,有时他的言论太高,程颐没有回答。过了很久,才回答说:"要堆积得高一定要从根基开始。"

明道先生曰:人之为学,忌先立标准。若循循不已,自有所至矣。

【译文】

程颢说:人求学向道,忌讳的是事先确立了目标。如果做什么事都

近思录

能循序渐进,坚持不懈,自然能达到想达到的境界。

尹彦明见伊川后半年①,方得《大学》《西铭》看。

【注释】

① 尹彦明:尹焞,字彦明,是程颐的门生。程颐评价张绎高识,评价尹焞行笃。

【译文】

尹焞在程颐门下学习半年之后,程颐才让他看《大学》《西铭》这些书。

有人说无心。伊川曰:无心便不是,只当云无私心。

【译文】

有人认为人应该无心。程颐却说:无心是不对的,只能说没有私心。

谢显道见伊川①,伊川曰:"近日事何如?"对曰:"天下何思何虑?"伊川曰:"是则是有此理,贤却发得太早。"在伊川直是会锻炼得人,说了,又道:"恰好著工夫也。"

【注释】

① 谢显道:谢良佐,字显道,二程的门生,与游酢、杨时、吕大临为程门四大弟子。

【译文】

谢良佐拜访程颐,程颐询问他:"近段时间的学问做得怎么样啊?"谢良佐说:"天下有什么可以思虑的事物呢?"程颐说:"确实有这个道理,但对你来说这样做有点早了。"程颐是很会培养人的,刚刚说了前面的话,又说:"你要恰到好处地下功夫。"

形而后有气质之性,善反之,则天地之性存焉。故气质之性,君子有弗性者焉。

【译文】

人的形体形成之后,就具备气质之性。若能擅长恢复天命之性,那么天地之性就得以保存。因此对于气质之性,君子不认为它是自己的本性。

德不胜气,性命于气;德胜其气,性命于德。穷理尽性,则性天德,命天理。气之不可变者,独死生修夭而已。

【译文】

品德战胜不过气质,性命就由气质所控制;品德胜过气质,性命就由德行主导。人能穷究事物之理充分发挥本性,那么他禀受的性就是天德,他禀受的命就符合天理。人的气质之性中无法改变的,只有死生寿夭罢了。

莫非天也,阳明胜则德行用,阴浊胜则物欲行[1]。领恶而全好者,其必由学乎?

【注释】

①莫非天也:善的德行与恶的物欲都是由天生发出来的。

【译文】

人的善恶都是由上天生发出来的。属于阳的清明之气胜出,那么德行就表现出来;属于阴的重浊之气胜出,那么物欲就放纵肆行。整治恶习、保全善德,一定要通过学习实现啊!

困之进人也,为德辨,为感速。孟子谓"人有德慧术知者,常存乎疢疾[1]"以此。

① 疢（chèn）疾：热病，泛指疾病。

【译文】

困境之所以能够促人奋发进取，是因为困境之中可以辨别人的道德修养，又因为人处困境之中感应也变迅速了。因此孟子说过："人有道德、智慧、道术、才智，多是因为他遭遇过灾患。"

言有教，动有法；昼有为，宵有得；息有养，瞬有存。

【译文】

说起话来要符合老师的教诲，行动起来要遵守法度；白天的时候应该做事情，晚上的时候要有所收获；一息一瞬之间，都要做到存养性情。

将修己，必先厚重以自持。厚重知学，德乃进而不固矣。忠信进德①，惟尚友而急贤②。欲胜己者亲，无如改过之不吝。

【注释】

① 忠信进德：内心忠信以增进道德。《周易·乾·文言》曰："君子所以进德修业，忠信，所以进德也。"

② 尚友：指与高于己者交游。《孟子·万章下》曰："以友天下之善士为未足，又尚论古之人；颂其诗，读其书，不知其人，可乎？是以论其世也，是尚友也。"急贤：本指帝王急于寻求贤人，此处是指急于与贤于自己的人交游以增进德业。

【译文】

人要自我修养德行，一定要先做到敦厚持重。做到敦厚持重又知道学习，德行就得以增进而不闭塞浅陋了。要做到内心忠信以增进德行，就要与高于己者交往，与贤于己者交游。想要亲近那些德行胜过自己的人，没有比不吝惜地改正自身错误更好的方法了。

明善为本,固执之乃立,扩充之则大,易视之则小。在人能弘
而已。

【译文】

弄清何为善,这是求学向道的根本,然后坚定地执持才能树立善性,
扩充善性它就变大,忽视善性它则变小。善也要依靠人去弘扬。

今且只将"尊德性而道问学"为心①,日自求于问学者有所背
否?于德性有所懈否?此义亦是博文约礼,下学上达。以此警策
一年,安得不长?每日须求多少为益:知所亡②,改得少不善,此德
性上之益;读书求义理,编书须理会有所归着③,勿徒写过,又多识
前言往行④,此问学上益也。勿使有俄顷闲度,逐日似此,三年,庶
几有进。

【注释】

①尊德性而道问学:出自《礼记·中庸》:"君子尊德性而道问学,致
广大而尽精微,极高明而道中庸。"尊德性,即尊崇上天赋予的道德本性。
道问学,即通过求教与学习来修身养性。

②知所亡:知晓了原来不明白的东西,《论语·子张》曰:"子夏曰:
日知其所亡,月无忘其所能,可谓好学也已矣。"

③归着:犹着落、归宿。

④前言往行:指古代圣贤的言行,《周易·大畜》曰:"君子以多识前
言往行,以畜其德。"

【译文】

现在且只把尊崇德行、求学向道作为自己的愿望,每天反省自己在
学习上有违背道的地方吗?在德行修养功夫上有所松懈懒散吗?这和
孔子所主张的博文约礼、下学上达的意思一样。如此鞭策自己一年,怎
么会没有进步呢?每天都要做到有所收获:知晓了原来不明白的东西,
改正了不少缺点,这是德行上有收获的体现;研读经书探求义理,编写书

籍要明白编写书籍的目的，不能徒劳地编写过去，还要多记录古代圣贤的一言一行，这是在学问上有收获的体现。不要让一点儿光阴浪费度过。每天都这样做的话，用三年的时间就差不多会有进步了。

人多以老成则不肯下问①，故终身不知。又为人以道义先觉处之②，不可复谓有所不知，故亦不肯下问。从不肯问，遂生百端欺妄人，我宁终身不知。

【注释】

① 老成：年纪老且有德行。

② 道义先觉：比一般人更早觉悟道德义理的人。《孟子·万章上》曰："天之生此民也，使先知觉后知，使先觉觉后觉也。"

【译文】

人大多认为自己年纪老且有德行就不肯向年轻的学者请教，因此有些知识道理一辈子都没有弄清楚。再就是这些人认为自己是比他人更早觉悟道德仁义的人，不能再说自己还有不懂的地方，因此也不肯去问年轻学者。就因为不肯下问，于是千方百计地欺骗他人，自己则宁可一生都不明白。

多闻不足以尽天下之故。苟以多闻而待天下之变，则道足以酬其所尝知，若劫之不测，则遂穷矣。

【译文】

知识再广博也不能够应付尽天下的各种事物。如果一个人要依靠见闻广博来应付天下无穷无尽的变化，那么他只能应付那些他知晓的事物。如果要逼迫他达到变幻莫测的境界，他是做不到的。

为学大益，在自求变化气质。不尔，皆为人之弊，卒无所发明，不得见圣人之奥。

【译文】

做学问最大的益处，在于自己能够达到变化气质。不这样做，都是做人的弊病，学到最后也无法觉悟大道，不明白圣人之道的深奥之处。

文要密察，心要洪放。

【译文】

外在的言行举止要做到缜密明晰，内心则要做到豪放旷达。

不知疑者只是不便实作^①。既实作，则须有疑。有不行处是疑也。

【注释】

① 不便实作：即没有实实在在地下功夫。

【译文】

一个人在学习的过程中如果没有疑问，应该是他没有实实在在地在学习上下功夫。下了实实在在的功夫就自然有疑问了。践行不了的地方就是疑问。

心大则百物皆通，心小则百物皆病。

【译文】

心胸宽广的话，一切事理就能通达无碍；心胸狭隘的话，万事万物便隔碍不通。

人虽有功，不及于学，心亦不宜忘。心苟不忘，则虽接人事，即是实行，莫非道也。心若忘之，则终身由之，只是俗事。

【译文】

人就算有其他事情要做，来不及学习，内心也不能把学习这件事忘了。只要心中没有把学习忘了，就算待人处世，也就是再践行大道，都是学道的体现。心中把学习忘了，就算一生奉道而行，只是在做俗事而已。

合内外，平物我，此见道之大端。

【译文】

将内心与外物融合在一起，对待外物与自我公平不偏，这就认识到了道关键的方面。

既学而先有以功业为意者，于学便相害。既有意，必穿凿创意作起事端也。德未成而先以功业为事，是代大匠斵，希有不伤手也。

【译文】

开始求学向道就先有建立功业的想法，会妨碍学道的。既然有建立功业的想法，学习过程中一定会牵强附会、刚愎自用而引起乱子。德行没有培养成就先去谋求功业，就像不会砍树而替匠人砍树，很少有不伤到手的。

学未至而好语变者，必知终有患。盖变不可轻议，若骤然语变，则知操术已不正。

【译文】

求学向道还没有达到极致却喜欢谈论权变的人，可以预知他终究会遭遇祸患。因为权变不可随便谈论。一个人若突然谈论权变，可知他的治学之道不正。

凡事蔽盖不见底,只是不求益。有人不肯言其道义所得所至,不得见底,又非"于吾言无所不说"。

【译文】

遇事都掩藏起来不让他人知道自身深浅的人,只不过是不追求进步。有人不肯说自己学到了什么圣贤之学,达到了什么境界,叫人摸不清他的深浅,却又不像孔子评价颜回那样"对我所说的话都心悦诚服"。

耳目役于外,揽外事者,其实是自惰,不肯自治,只言短长,不能反躬者也①。

【注释】

① 反躬:即反身,意为反过来要求自己,自我检束。《礼记·乐记》曰:"不能反躬,天理灭矣。"

【译文】

人的耳目受到外物役使,包揽心外之事,其实是自我放弃的表现,不愿意修养自身的德行,只知道说短道长,是不能自我检束的人啊。

学者大不宜志小气轻。志小则易足,易足则无由进;气轻则以未知为已知,未学为已学。

【译文】

求学向道的人不应当志向短小心气轻浮。一个人如果志向短小就容易满足,容易满足就不懂进步;一个人如果心气轻浮,就会把未弄明白的当作弄明白的,把没有学习过的当成学习过的。

卷三　致知

伊川先生答朱长文书曰：心通乎道^①，然后能辨是非，如持权衡以较轻重，孟子所谓"知言"是也。心不通乎道，而较古人之是非，犹不持权衡而酌轻重，竭其目力，劳其心智，虽使时中^②，亦古人所谓"亿则屡中"，君子不贵也^③。

【注释】

① 心通乎道：心中能够通达事理。

② 时中：偶尔猜中。《论语·先进》曰："赐不受命而货殖焉，亿则屡中。"

③ 亿：臆测，预料。

【译文】

程颐在回复朱长文的信中说：心中能够通达圣贤之道，这样之后才能辨别古人言论主张的是非，犹如拿着称量物体轻重的器具去称物体一样，这和孟子所说的"知言"道理一样。如果心中不能够通达圣贤之道，而对古人的是非进行评点，犹如不拿称量物体轻重的器具而去估量物体的轻重，用尽你的视力，辛苦你的脑力，就算偶尔都估中了，也不过是古人所说的"臆测猜中而已"，这样的做法是君子所不看重的。

伊川先生答门人曰：孔孟之门，岂皆贤哲？固多众人。以众人观圣贤，弗识者多矣。惟其不敢信己而信其师，是故求而后得。今诸君于颐言，才不合，则置不复思，所以终异也。不可便放下，更且思之，致知之方也。

程颐在回复门人的信中说：孔子和孟子的弟子，难道每个人都是贤哲吗？自然是一般人占大多数。站在一般人的角度去仰望圣贤，不能理解的地方当然很多。只因他们不敢于相信自己的看法而相信老师的话，因此通过探求而后悟得圣贤之道。现在你们对我程颐所说的话，发现跟自己的想法不一样，就将它放在一边不再去思考，因此最终的结果自然不同。不能就那样放在一边，且多去思考它，这才是获取知识的途径。

欲知得与不得，于心气上验之。思虑有得，中心悦豫，沛然有裕者①，实得也。思虑有得，心气劳耗者，实未得也，强揣度耳②。尝有人言："比因学道，思虑心虚③。"曰：人之血气，固有虚实。疾病之来，圣贤所不免。然未闻自古圣贤因学道而致心疾者。

【注释】

① 沛然有裕：谓精神气血充沛丰裕。

② 强揣度耳：谓其收获只是通过勉强猜测得来，并不是真的获得。

③ 比：副词，近日。心虚：谓因耗损精力而导致亏虚。

【译文】

想要知道自己求学向道是否有收获，应该通过自己的心力气血来验证。思考之后有所收获，心中就会喜悦，精神气血自然充沛丰裕，那是确实有收获。思考之后有所收获，心力气血却疲劳耗损，其实也不能算真有收获，不过是勉强揣度而已。曾经有人说过："最近因为求学向道，思虑疲劳困顿导致心虚。"我说：人的血气，确实有虚实不一的情况。疾病的出现，圣贤也无法避免。但是从来没有听说过自古以来有哪一位圣贤因为求学向道而引起心疾的。

"思曰睿"，思虑久后，睿自然生。若于一事上思未得，且别换一事思之，不可专守著这一事。盖人之知识，于这里蔽着，虽强思亦不通。

"思考又称为睿智。"长时间思虑之后,睿智自然就会产生。如果思虑一件事而无所收获,暂且去思考另一件事,不可专门思虑这一件事。因为人的认识能力,在此处遮蔽住了,就算勉强去思考,也是想不通的。

问:人有志于学,然知识蔽固,力量不至,则如之何?曰:只是致知①。若智识明,则力量自进。

【注释】

① 知识蔽固:辨识事物的能力闭塞固陋。致知:即明理。

【译文】

有人询问:一个人有求学向道的志向,但辨识事物的能力闭塞固陋,力量不足够,该如何做?程颐回答说:关键要学会致知。如果通过致知而辨识事物的能力明达了,那么力量自然会得到提高。

问:观物察己,还因见物反求诸身否①?曰:不必如此说。物我一理,才明彼,既晓此,此合内外之道也。又问:致知先求之四端,如何②?曰:求之性情,固是切于身。然一草一木皆有理,须是察。

【注释】

① 反求诸身:从自己方面找原因,出自《孟子·离娄上》。

② 四端:指仁、义、礼、智四种道德观念的开端、萌芽。出自《孟子·公孙丑上》:"恻隐之心,仁之端也;羞恶之心,义之端也;辞让之心,礼之端也;是非之心,智之端也。"

【译文】

有人询问:穷究事物之理用以反省自身,还是拿通过观察外物而领悟到的理反过来验证自身?程颐回答说:不用这样说,事物与自我都是同一个理,明白了那个,也就知晓了这个,这就是将内心与外物合而为一的道理。又询问:致知先从仁、义、礼、智这四方面去探求怎么样?程颐

卷三　致知

回答说：从性情方面去探求，当然是切合自身实际。然而一草一木都含有理，也要考察一番。

"思曰睿""睿作圣"。致思如掘井，初有浑水，久后稍引动得清者出来。人思虑始皆溷浊，久自明快。

【译文】

"思考就能通达一切事物"，"通达一切事物就达到圣人的境界"。思考好比掘井，一开始会出现浑水，一段时间之后慢慢将清水引出来。人开始思考的时候也会浑浊不清，长时间思考就自然明快。

　　或问：如何是近思？曰：以类而推。

【译文】

有人询问：近思是什么意思？程颐回答说：明白了眼前的事之后依类推广开去。

　　学者先要会疑。

【译文】

求学向道的人首先要做到发现疑问。

　　横渠先生答范巽之曰[①]：所访物怪神奸，此非难语，顾语未必信耳。孟子所谓"知性知天"[②]，学至于知天，则物所从出，当源源自见。知所从出，则物之当有当无，莫不心喻，亦不待语而后知。诸公所论，但守之不失，不为异端所劫，进进不已，则物怪不须辨，异端不必攻。不逾期年[③]，吾道胜矣。若欲委之无穷，付之不可知，则学为疑挠，智为物昏，交来无间，卒无以自存，而溺于怪妄必矣。

【注释】

① 范巽之：范育，字巽之，张载的门生。

② 知性知天：出自《孟子·尽心上》："尽其心者，知其性也；知其性，则知天矣。"

③ 期(jī)年：即一年。

【译文】

张载在回复范育的信中说：你的来信中所询问的物怪神奸，这问题说明起来并不困难，只是人们不一定相信。孟子说过人只要尽心就可以知道自身的本性，也就可以知道天命。学道达到知天的境界，那么事物产生的原因，就能渐渐地领悟到。知道了事物产生的原因，那么某种事物应该有还是无，内心就非常明白了，也不需要再说明。你们所论述的理，只要信守先圣对鬼神之事的论断而不丢失，不受到异端之学的干扰，不断地努力前进，那么用不着辨别物怪之说，也用不着批判异端学说，时间不超过一年，我们坚守的学说就胜出了。如果认为物怪神奸之说不可穷究，是不可明知的事物，那么求学向道就会有疑惑阻挠，外物将心智搞得昏昏不明，疑惑与外物没个间断地交杂而来，最后落到无法自存的境地，就必然会陷入虚妄的怪圈了。

子贡谓："夫子之言性与天道，不可得而闻。"既言"夫子之言"，则是居常语之矣。圣门学者以仁为己任，不以苟知为得，必以了悟为闻，因有是说。

【译文】

子贡说过："孔子论述过性和天道，但是我们不得而闻。"既然前面提及"夫子之言"，那是平常就已经说过的话。孔子的门生将践行仁义当作自己的责任，不认为随便听到的东西就是收获，一定要彻底领悟才叫作"闻"。所以子贡说了这样的话。

义理之学①，亦须深沉方有造，非浅易轻浮之可得也。

【注释】

① 义理之学：讲解探求儒家经义的学问，到了宋代，义理之学指宋代理学。

【译文】

对于义理之学，也必须深入沉潜才能有造诣，不是浅易轻浮的就能有所收获的。

学不能推究事理，只是心粗。至如颜子未至于圣人处，犹是心粗。

【译文】

求学向道却不能考究事物的原理，这是心粗的缘故。至于颜回不能达到圣人的境界，也是心粗的缘故。

博学于文者^①，只要得习坎心亨^②。盖人经历险阻艰难，然后其心亨通。

【注释】

① 博学于文：出自《论语·雍也》："子曰：君子博学于文，约之以礼，亦可以弗畔矣。"

② 习坎心亨：出自《周易·坎卦》："习坎，有孚，维心亨，行有尚。"习坎，即险阻。心亨：内心贯通。

【译文】

知识广博的人，只要有一番险阻的经历，其内心就能豁然贯通。因为人有了一番艰难险阻的经历，然后他的心才能通达顺畅。

义理有疑，则濯去旧见，以来新意。心中有所开，即便札记，不思则还塞之矣。更须得朋友之助，一日间朋友论着，则一日间意思差别。须日日如此讲论，久则自觉进也。

【译文】

读书的过程中对义理产生了疑惑，就应该将脑中旧有的见解去除掉，以便产生新意。心中有所觉悟，便立刻记录下来，不接着思索，思路就又闭塞了。还需要朋友的帮助，花一天的时间和朋友讨论，这一天的认识就自然不同。每天坚持讨论，时间久了就会发现自己进步了。

人致思到说不得处①，始复审思明辨，乃为善学也。若告子则到说不得处便已②，更不复求。

【注释】

① 致思：集中心思深入探求某一问题，《孔子家语·致思》："孔子北游于农山，子路、子贡、颜渊侍侧。孔子四望，喟然而叹曰：'于斯致思，无所不至矣！二三子各言尔志，吉将择焉。'"

② 告子：战国时期的人，《孟子·告子上》记载其与孟子辩论人性。《墨子·公孟篇》记载其与墨子谈论治国。

【译文】

人在思考问题的过程中遇到不明白的地方，反反复复地慎重思考，辨别清楚，这才是擅长学习的表现。像告子这样的人遇到不明白的地方就停止，不再去深入探究了。

伊川先生曰：凡看文字①，先须晓其文义，然后可求其意。未有文义不晓而见意者也②。

【注释】

① 文字：泛指文章。文义：文字的意义。

② 见意：明白意思。

【译文】

程颐说：凡是阅读文章，首先要弄明白文字的意义，然后才能探求文章的大意。没有不明白字面意思却能明白文章大意的。

学者要自得①。六经浩渺②，乍来难尽晓，且见得路径后，各自立得一个门庭，归而求之可矣。

【注释】

① 自得：自己有心得体会。

② 浩渺：广大辽阔。

【译文】

求学向道的人要自己有心得体会。六经内涵广阔无边，刚来这里就学习便有很多地方不明白，且在懂得治学的方法后，为各经确立一个研习的方法，自己回去研习探求就可以了。

凡解文字，但易其心自见理①。理只是人理，甚分明，如一条平坦底道路。《诗》曰："周道如砥，其直如矢。"此之谓也。或曰：圣人之言，恐不可以浅近看他。曰：圣人之言，自有近处，自有深远处。如近处怎生强要凿教深远得？扬子曰："圣人之言远如天，贤人之言近如地。"颐与改之曰："圣人之言，其远如天，其近如地。"

【注释】

① 但易其心：只要将你的心放平。易：平和简易。

【译文】

凡是解读文字，只要将心放平了，自然能明白其中的道理。理无非就是做人的道理，非常明了，犹如一条平坦的道路。《诗经》有这样的话："大路就像磨刀石一样平，就像箭杆子一样直。"讲的就是这个道理。有人说：圣人的言论，恐怕不可以用浅近的眼光来对待。程颐回答说：圣人的言论，有浅近之处，也有深远之处。如果是浅近之处，为何一定要穿凿附会让人觉得深远不解呢？扬雄有这样的话："圣人之言远如天，贤人之言近如地。"我把他这句话改为："圣人之言，其远如天，其近如地。"

学者不泥文义者，又全背却远去。理会文义者，又滞泥不通。

如子濯孺子为将之事，孟子只取其不背师之意，人须就上边理会事君之道如何也。又如万章问舜完廪、浚井事，孟子只答他大意。人须要理会：浚井如何出得来？完廪又怎么下得来？若此之学，徒费心力。

【译文】

求学向道的人中不拘泥于字面意思的人，却又完全背离了文义。理解字面意思的人，却又拘泥于字句窒碍不通。比如孟子在谈论子濯孺子为将这件事上，他只讲到庚公之斯没有背叛自己的老师，换作别人可能会去考虑他是怎样侍奉君主的，这样一来就互相矛盾而有些道理就讲不通。又如万章询问舜修治仓房和淘井的事，孟子只回答他大概的意思，换作他人可能会问：舜淘井被埋在井中是怎么逃出来的呢？在屋顶上修治仓房被抽去了梯子，仓房起火了，他又是如何下来的呢？如果按照这样的方法去学习，那就会浪费很多心思和精力。

凡观书不可以相类泥其义，不尔，则字字相梗。当观其文势上下之意。如"充实之谓美"与《诗》之"美"不同。

【译文】

凡是读书的时候，不可受其他书上与此相似语言的影响而拘泥了文意，不这样做的话，那么字与字之间就会前后矛盾而导致你无法阅读下去。读书应该了解上下文的思路和大意。比如孟子说过"充实之谓美"，这里的美，与《诗经》中"美刺"的美，字同而含义不同。

问：莹中尝爱文中子①：或问学《易》，子曰："终日乾乾可也。"此语最尽。文王所以圣，亦只是个不已。先生曰：凡说经义，如只管节节推上去，可知是尽。夫"终日乾乾"，未尽得《易》。据此一句，只做得九三使。若谓乾乾是不已，不已又是道。渐渐推去，自然是尽。只是理不如此。

① 莹中：陈瓘，字莹中，南剑人，程颐的门生，号了翁，人称了斋先生。文中子：即隋代王通，其字仲淹，谥号文中子。著有《中说》，即《文中子》。

【译文】

问：陈莹中曾经喜欢文中子的一句话：有人问他如何学习《周易》，文中子回答说："整天自强不息坚持不懈就可以了。"陈莹中觉得这句话最能把《周易》的道理说彻底。周文王能够成为圣人，也只是自强不息坚持不懈的缘故。程颐说：一般来说，解释经书文义，如果按顺序一节一节地推上去，当然有穷尽的时候。从早到晚坚持不懈，不能穷尽《周易》的道理。根据这一句话，只能把它看作是《乾》卦九三爻的爻辞而已。如果说乾乾就是坚持不懈，坚持不懈又是道。渐渐地推广开去，自然能够穷尽《周易》之理。只是理原来并非这么高深。

"子在川上曰：逝者如斯夫。"言道之体如此，这里须是自见得。张绎曰：此便是无穷。先生曰：固是道无穷，然怎生一个"无穷"便道了得他？

【译文】

"孔子在河边说道：逝去的时间犹如这永不止息的东流水呀！"描述道体也是这样，这个问题应是求学向道的人亲自去体认。张绎说：这就是无穷无尽的意思。程颐说：道当然是无穷无尽的，但怎么用"无穷"一词就能把它解释清楚呢？

凡解经不同无害，但紧要处不可不同尔。

【译文】

凡是解释经文大义，释义不同并没有什么影响，但是在关键的地方要尽量做到相同。

焞初到①,问为学之方。先生曰:公要知为学须是读书。书不必多看,要知其约②。多看而不知其约,书肆耳。颐缘少时读书贪多,如今多忘了。须是将圣人言语玩味,入心记著,然后力去行之,自有所得。

【注释】

① 焞:尹焞,字彦明,程颐门生。

② 约:纲领。

【译文】

尹焞刚到程颐门下求学的时候,询问治学的方法。程颐回答说:您要懂得治学需要读书。书不一定要读得多,但得做到领悟书中的大意。书读得多而不知其中大意,犹如一间书店罢了。我因为少时候读书务求多,现在都忘得七七八八了。应该是反复玩味圣人的言语,铭记在心,然后尽力去践行,自然能够有所收获。

初学入德之门①,无如《大学》,其他莫如《语》《孟》。

【注释】

① 入德:进入圣人品德修养的境域。《礼记·中庸》曰:"君子之道,淡而不厌,简而文,温而理。知远之近,知风之自,知微之显,可与入德矣。"

【译文】

刚开始学习圣贤之道的门径,都比不上《大学》,其他的书籍,则都比不上《论语》《孟子》。

学者先须读《论》《孟》。穷得《论》《孟》,自有要约处,以此观他经甚省力。《论》《孟》如丈尺权衡相似,以此去量度事物,自然见得长短轻重①。

【注释】

① 权衡：称量物体轻重的器具。权，秤锤；衡，秤杆。丈尺，计量长短的器具。

【译文】

求学向道的人要先研读《论语》《孟子》。将《论语》《孟子》两书研读透了，心中自然领悟了要领，凭借这个要领去阅读其他的经书就很省力。《论语》《孟子》两书就像称量物体轻重长短的器具一样，用它去度量事物，自然能够知道事物的长短轻重。

读《论语》者，但将诸弟子问处，便作己问，将圣人答处，便作今日耳闻，自然有得。若能于《论》《孟》中深求玩味，将来涵养成甚生气质①！

【注释】

① 甚生：什么样。

【译文】

研读《论语》的时候，只要将孔子弟子的提问当作自己的提问，想象圣人的回答，是今天说给你听的，自然能够有所收获。如果能深入探求、研习体味《论语》《孟子》两书，将来的涵养会是怎样一种脱俗的气质呀！

凡看《语》《孟》，且须熟玩味，将圣人之言语切己，不可只作一场话说。人只看得此二书切己①，终身尽多也②。

【注释】

① 切己：与自己密切联系起来。

② 尽多：很多。

【译文】

凡是研读《论语》《孟子》这两部书，都要做到娴熟地研习体味，把圣人的话与自己密切联系起来，不可只当作是一段话而已。人只要把这两部书与自己密切联系起来，一生受益的地方自然会很多。

《论语》有读了后全无事者，有读了后其中得一两句喜者，有读了后知好之者，有读了后不知手之舞之足之蹈之者。

【译文】

研读《论语》之后，有人一点感触都没有，有人因为其中一两句话而感到欣喜，有人理解它并喜欢上它，有人高兴得不知不觉地手舞足蹈起来。

学者当以《论语》《孟子》为本。《论语》《孟子》既治，则六经可不治而明矣。

读书者当观圣人所以作经之意，与圣人所以用心，与圣人所以至圣人，而吾之所以未至者，所以未得者。句句而求之，昼诵而味之，中夜而思之，平其心，易其气，阙其疑，则圣人之意见矣。

【译文】

求学向道的人应该将《论语》《孟子》这两部书作为治学的根本。研读了《论语》《孟子》，那么六经可以不经过研究就能明白其意。

读书的人应该了解圣人写经书的用意和圣人写经书时的用心，要了解圣人能够成为圣人，而我未能成为圣人的原因，还要了解未能学得圣人之道的原因。每句经文都这样去推求，白天的时候诵读品味，晚上认真思考，将心放平，将气放宽，保留你觉得有疑问的地方，那么就能领会圣人之意了。

读《论语》《孟子》而不知道，所谓"虽多亦奚以为"？ ①

【注释】

① 不知道：通晓圣贤之道。

【译文】

研读《论语》《孟子》这两部书之后还不能通晓圣贤之道，这就是孔子所说的"即使书读得再多又有何益处呢"？

《论语》《孟子》,只剩读著^①便自意足,学者须是玩味。若以语言解著,意便不足。某始作此二书文字^②,既而思之又似剩。只有些先儒错会处,却待与整理过。

【注释】

① 只剩读著:无须进行解释解说,阅读文本就可以。与"以语言解著"相对。以语言解著,谓通过解释语言理解文义。剩读:即反反复复阅读。

② 二书:指程颐所著《论语解》《孟子解》,两书皆没有传本,《程氏经说》中有《论语解》《孟子解》各一卷,而《孟子解》又是后人据《遗书》《外书》辑佚编成。

【译文】

《论语》《孟子》这两部书,只要反复阅读原文便觉得意趣充足,学者应该这样研习体味。如果借助语言文字来解说,意趣就不充足了。我当初对这两部书进行过解释,后来又觉得是多余的。只有一些先世儒者理解错误的地方,却等待着整理。

问:且将《语》《孟》紧要处看,如何? 伊川曰:固是好,然若有得,终不浃洽。盖吾道非如释氏,一见了便从空寂去。

【译文】

有人询问:且选择《论语》《孟子》这两部书中重要的地方去研读,怎么样? 程颐回答说:这样做当然好,但如果心有所得,毕竟不能够完全透彻贯通地理解。因为儒道和佛教不一样,佛教一见重要的言语就导入空寂之中去。

"兴于《诗》"者,吟咏性情,涵畅道德之中而歆动之,有"吾与点也"之气象。

【译文】

为学向善要以《诗》来感发以兴起人的性情,涵养人的道德,使性情在感动中发展,有孔子所说的"我认可曾晳"的超脱气象。

谢显道云^①:明道先生善言《诗》,他又浑不曾章解句释,但优游玩味,吟哦上下,便使人有得处。"瞻彼日月,悠悠我思。道之云远,曷云能来!"^②思之切矣。终曰:"百尔君子,不知德行。不忮不求,何用不藏!"归于正也。又曰:伯淳尝谈《诗》,并不下一字训诂,有时只转却一两字,点掇地念过,便教人省悟。又曰:古人所以贵亲炙之也^③。

【注释】

① 谢显道:谢良佐,字显道,二程门人。优游:从容而悠闲自得。
② "瞻彼日月"四句:出自《诗经·邶风》。

【译文】

谢良佐说:程颢先生擅长讲说《诗经》,但他又几乎没有对一章一句进行解释,只是悠闲自得地玩味,反反复复地吟诵,就能让人有所领会了。"仰望天上的太阳和月亮,我的思念多么绵长。路途遥远,如何来到我的身边!"思念是多么恳切呀。将要结束的时候说道:"你们这些君子,不懂得修养德行。做人能够不损人又不贪心,走到什么地方会不顺当呢。"最后的观点又归结于大道之理。又说:程颢先生经常谈论《诗经》,但从没有训释过一个字,有时只是将一两个字替换了,点拨一下读过,就能使人恍然大悟。又说:这就是古人为什么特别重视亲受教育熏陶的原因。

明道先生曰:学者不可以不看《诗》。看《诗》便使人长一格价。

程颢说：求学向道不可不研读《诗经》。研读《诗经》之后就能使人的价值上升一个等次。

"不以文害辞"①，文，文字之文，举一字则是文，成句是辞。《诗》为解一字不行，却迁就他说，如"有周不显"②，自是作文当如此。

【注释】

① 不以文害辞：不拘泥于字面意思而影响对全文的理解。

② 有周不显：出自《诗经·大雅·文王》。

【译文】

孟子说过解读《诗经》"不以文害辞"，此处的文，就是文字的文，单独举一个字就叫作文，整个句子就叫作辞。研读《诗经》时如果不能将一个字解释通了，那就迁就他说加以解释。"周道不显"就是这样的例子，自然是写诗时就应该这样组织文字。

看《书》①须要见二帝三王之道。如二典，即求尧所以治民，舜所以事君②。

【注释】

①《书》：《尚书》。

② 二典：即《尧典》《舜典》，《尚书》中的两篇。

【译文】

研读《尚书》要从中学会二帝三王的治国之道。如研习《尧典》《舜典》，就要探求尧治民的方法、舜事君的方法。

《中庸》之书，是孔门传授，成于子思、孟子①。其书虽是杂记，更不分精粗，一衮说了。今人语道，多说高便遗却卑，说本便遗却末②。

① 子思：即孔伋，是孔子的孙子。他对孔子的中庸思想进行发挥，孟子继承其学说，因此有思孟学派。

② 衮：同"卷"，一衮说了，即不加分别地全部说出来。

【译文】

《中庸》此书，是在孔子的门下传授下来，由子思、孟子写成。书中语言是杂记的形式，并非系统完整的论述，更没有区别精细与粗略，一下子全部说出来。现在的人谈论圣贤之道，大多是说到高深的地方就丢弃了基础的东西，说到根本就扔掉了细节。

伊川先生《易传序》曰：易，变易也，随时变易以从道也。其为书也，广大悉备，将以顺性命之理，通幽明之故，尽事物之情，而示开物成务之道也。圣人之忧患后世①，可谓至矣。去古虽远，遗经尚存。然而前儒失意以传言，后学诵言而忘味。自秦而下，盖无传矣。予生千载之后，悼斯文之淹晦②，将俾后人沿流而求源，此《传》所以作也。"《易》有圣人之道四焉"③以言者尚其辞，以动者尚其变，以制器者尚其象，以卜筮者尚其占。"吉凶消长之理，进退存亡之道备于辞。推辞考卦，可以知变，象与占在其中矣。"君子居则观其象而玩其辞，动则观其变而玩其占。"④得于辞不达其意者有矣，未有不得于辞而能通其意者也。至微者理也，至著者象也。体用一源，显微无间。观会通以行其典礼，则辞无所不备。故善学者求言必自近。易于近者，非知言者也。予所传者辞也，由辞以得意，则存乎人焉。

【注释】

① 忧患：困苦患难，此处释为《易》的作者为后世忧虑。

② 斯文：指礼乐教化、典章制度等，《论语·子罕》曰："天之将丧斯文也，后死者不得与于斯文也。"此处是指《易》一书的精神。

③ 《易》有圣人之道四焉：出自《周易·系辞上》。四，具体指辞、变、

象、占。

④ "君子居则观其象而玩其辞,动则观其变而玩其占":出自《周易·系辞上》。

【译文】

程颐在《易传序》说:《周易》中的"易",意思是变化,即随时变化使得言行符合道。《周易》此书,内容极其丰富完善,圣人作此书是为了顺应本性与天命的道理,通达有形和无形的事物,穷究万事万物的性情,以通晓万物的道理,成就一番事业。圣人为后世忧虑,在这部书中体现到了极致。《易》写成的时代离现在虽然非常久远,但圣人留传下来这部经书还存在。只是前代儒者搞不清楚《易》的大意,仅仅将《易》的言辞流传下来,后进的学者诵读了《易》的言辞而不能体会其中的意味。自秦代到现在,《周易》之道就一直没有流传。我生活在《易》写成的千年之后,悲伤《易》的大义将淹没不明,希望使后人能够通过言辞探求《易》的本来之义,因此我写成了《易传》。《周易·系辞上》说:"圣人使用《周易》的方法有四种情况:用来进行议论的时候就崇尚《易》的言辞;用来指导行动的时候就崇尚《易》的变化;用来制造器具的时候就崇尚《易》的卦象;用来卜筮吉凶的时候就崇尚《易》的占断。"卦辞爻辞中包含着天道吉凶消长的规律,人事进退存亡的道理。推究卦辞爻辞来考察卦义,就能事先预见吉凶消长、进退存亡的变化,这样卦象和占断的运用也就体现在这个过程中。《系辞》又说:"君子平时就观察卦象,研习体味卦辞,到行动做事的时候就观察卦爻的变化,研究卦象卜辞。"弄清楚言辞而不能理解其中含义的人是有的,但从来没有弄不清言辞却能够通晓其中含义的。理是最为隐晦难以明白领悟的,外在的象是最为显著可见的。本体的理和行为功用的象是同一根源的,两者之间并没有一点间隔。要观察万理的会合变通,以践行制度礼仪,那么《周易》的卦辞中是没有什么不具备的。所以擅长求学的人探求圣人的言论一定先从文辞开始。轻视文辞的人,是弄不清言语的人。我在《易传》一书中解释《周易》的辞语,通过这些辞语能否领悟圣人的本意,那就要看学者个人了。

知时识势,学《易》之大方也。

【译文】

认识时势变化的情况,这是研习《易》的根本法则。

《大畜》初二,乾体刚健而不足以进,四五阴柔而能止。时之盛衰,势之强弱,学《易》者所宜深识也。

【译文】

《大畜》卦的初九和九二这两阳爻,是下卦乾卦之体,其性刚健中正,但从时势上来考虑,还不能上进到上卦之中,因为上卦中的六四、六五这两阴爻阻止着阳爻上进。从这一卦可见,时势的盛衰强弱,是研习《易》的人应该深入了解的。

诸卦二、五,虽不当位,多以中为美。三、四虽当位,或以不中为过。中常重于正也。盖中则不违于正,正不必中也。天下之理莫善于中,于九二、六五可见。

【注释】

① 当位:《周易》每卦自下而上分为六爻,具体分为初、二、三、四、五、上。初至三属于下卦,四至上属于上卦。上下卦各三爻,称为下、中、上。二处于下卦之中,五处于上卦之中。初、三、五属阳位,二、四、上属阴位。阳爻处于阳位,阴爻处于阴位,叫作当位,也称为正。反之则叫作不当位、不正。

【译文】

《周易》各卦中的第二爻和第五爻,即使不当位,大多得中。三爻四爻,即使当位,有的也以不能得中为过。中常常比正还要重要。因为得中了就不违背正,正却不一定能得中。天下之理没有比得中更美好的,从一些卦的九二爻、六五爻看出这一规则。

问：胡先生解九四作太子[①]，恐不是卦义。先生云：亦不妨，只看如何用。当储贰则作储贰使。九四近君，便作储贰亦不害，但不要拘一。若执一事，则三百八十四爻，只作得三百八十四件事便休了。

【注释】

① 胡先生：胡瑗，字翼之，人称安定先生，与孙复、石介合称为"宋初三先生"。他认为儒家的纲常名教是万世不变的"体"，而儒家的诗书典籍是垂法后世的"文"；把体、文付诸实际，可以"润泽斯民，归于皇极"，达到民安国治、维护封建统治的目的，这是"用"。他的"明体达用之学"，对宋代理学有较大影响。著有《周易口义》。九四作太子：指将《乾》卦的九四爻解释为太子。

【译文】

有人询问：胡瑗将《乾》卦中的九四爻解释为太子，恐怕不是原来的卦义吧。程颐回答说：解释为太子也不妨碍，关键要看在什么情况下使用。若占卜的人真的处于这样的地位就将此爻解释为太子。九四此爻接近象征帝王的九五爻，将其解释为太子也没有妨碍，只是不要认为此爻只能解释为太子就可以了。如果将一爻拘泥于某一种事物，那么《周易》一共有三百八十四爻，就只能象征三百八十四件事物了。

看《易》且要知时[①]。凡六爻，人人有用，圣人自有圣人用，贤人自有贤人用，众人自有众人用，学者自有学者用，君有君用，臣有臣用，无所不通。因问：《坤》卦是臣之事[②]，人君有用处否？先生曰：是何无用？如"厚德载物"，人君安可不用？

【注释】

① 时知：知道因时而异。

近思录

58

②《坤》卦是臣之事：《乾》卦六爻纯阳，《坤》卦六爻纯阴。古人以为，乾可象征天、男、君；坤可象征地、女、臣。即使是同一爻，针对不同的人也有不同的用法。

【译文】

研读《周易》要知道因时而异的道理。一卦共有六爻，人人都有各自的用法。圣人自有其用法，贤人自有其用法，普通人自有其用法，学子们自有其用法，君有其用法，臣有其用法，没有不适合通用的。于是有人询问：《坤》卦讲述的是臣下之事，对于君主来说有用处吗？程颐回答说：怎么会没有用处呢？如《坤》卦所说的"厚德载物"，君主怎么可以不用？

《易》中只是言反复往来上下①。

【注释】

① 反复往来上下：是《周易》的卦变的三种方式。

【译文】

《周易》一书只是论述了阴阳反复、往来、上下的道理。

作《易》，自天地幽明，至于昆虫草木微物无不合。

【译文】

圣人写成《周易》一书，宏观上自天地幽明，微观上至昆虫草木这些微细的事物，没有一样与易道不切合。

今时人看《易》，皆不识得《易》是何物，只就上穿凿。若念得不熟，与就上添一德亦不觉多，就上减一德亦不觉少①。譬如不识此兀子②，若减一只脚，亦不知是少，若添一只，亦不知是多。若识则自添减不得也。

【注释】

① 德：古人讲解《周易》，认为一卦有一卦的品行与特性，比如乾卦有元、亨、利、贞四德。

② 兀子：即杌子，小矮凳。

【译文】

现在的人研读《周易》，都弄不清楚《周易》究竟是什么，只知道在上边牵强附会。如果对《周易》一书读得不熟，在上边加上一种意思也没发现多，在上边减少一个意思也没有发现少。譬如不知机子是什么东西，如果减去其中一只脚，也不知道缺少了，添上一只脚，也不知道是多余了。如果真正认识《周易》为何物，那么自然知道不能随便添减。

游定夫问伊川"阴阳不测之谓神"①，伊川曰：贤是疑了问②？是拣难的问？

【注释】

① 游定夫：即游酢，字定夫。引文出自《周易·系辞上》。

② 贤：即你，对人的敬称。

【译文】

游酢询问程颐该如何理解《周易》中"阴阳不测之谓神"这一句，程颐反问他说：你是学习过程中产生疑问而前来询问的呢？还是特意选择难以理解的句子来询问呢？

伊川以《易传》示门人曰：只说得七分，后人更须自体究。

【译文】

程颐把自己所写的《易传》拿出来给弟子们传阅，说道：我所写的这部书只是讲解了《周易》七分的道理，后人还需要亲身去体察考究。

《诗》《书》，载道之文；《春秋》，圣人之用。《诗》《书》如药方，《春秋》如用药治病。圣人之用，全在此书，所谓"不如载之行事深且著明"者也①。有重叠言者，如征伐、盟会之类。盖欲成书，势须如此。不可事事各求异义，但一字有异，或上下文异，则义须别。

【注释】

① 圣人之用：圣人将道运用在具体的行事上。

【译文】

《诗经》《尚书》这两部书，是通过文字的方式来承载圣人之道；《春秋》这部书，则是圣人将道运用在具体的行事上。《诗经》《尚书》好比是药方，《春秋》就像采用这些药方来医治疾病。圣人将道运用在具体的行事上，并全在这部书中体现出来，这便是孔子所说的，悬空地讲大道，不如通过行事表现出来深刻并且明显。书中有语言或记载多次出现的情况，如征伐、盟会这些事情。大概是想写成一部书，就必须这样。不能每一事都去分别推求其中不同的含义，只是如果有一个字不同，或上下文有差异，那么其中含义也就有区别了。

五经之有《春秋》，犹法律之有断例也①。律令唯言其法②，至于断例，则始见其法之用也。

【注释】

① 断例：即断案的典型例子。

② 律令：法令。

【译文】

五经中有《春秋》这部书，就好比法律中有断案的典型例子一样。法律条文上只记载了如何实施，至于断案的典型例子，则可看到这些法律条文是怎样具体运用到断案之中的。

学《春秋》亦善，一句是一事，是非便见于此，此亦穷理之要。然他经岂不可以穷理？但他经论其义，《春秋》因其行事，是非较著，故穷理为要。尝语学者：且先读《论语》《孟子》，更读一经，然后看《春秋》。先识得个义理，方可看《春秋》。《春秋》以何为准？无如中庸。欲知中庸，无如权 ①。须是时而为中。若以手足胼胝、闭户不出二者之间取中 ②，便不是中。若当手足胼胝，则于此为中；当闭户不出，则于此为中。权之为言，秤锤之义也。何物为权？义也，时也。只是说得到义。义以上更难说，在人自看如何。

【注释】

① 中庸：《二程遗书》卷七："不偏之谓中，不易之谓庸。中者天下之正道，庸者天下之定理。"

② 手足胼胝：指大禹治水，手掌脚底因长期劳作摩擦而生出茧子。

【译文】

研习《春秋》也不错，一句话记载一件事，从这件事中就能看出是非，这也是穷究事物之理的关键。难道研读其他经书就不能穷究事物之理吗？其他的经书只讲述义理，《春秋》则结合史实，是非之分在比较中十分显现，所以成为穷究事物之理的关键。我曾经对弟子说过：且先研读《论语》《孟子》这两部书，然后再研读一部经书，再研读《春秋》。事先明白了义理，才能研读《春秋》。《春秋》判断史实的是非标准是什么呢？无非就是中庸。想要弄明白什么是中庸，就要懂得如何权衡轻重。应该是切合时宜顺应时势才算是中。如果非得在大禹治水济世与颜回闭门不出这两者中选定一个来作为中，那就不是中了。应当手足胼胝以治水济世时，那么大禹那样做就是中；应当闭门不出时，那么颜回那样做也是中。权，意思就是秤锤。应该以什么作为衡量轻重的准则呢？无非就是义，也就是时宜。只能说到义这一层面，义以上更深远的意义就很难讲明白了，要看各人自身如何去领会了。

《春秋》传为案，经为断 ①。

【注释】

① 传：即《春秋》三传，分别是《左氏春秋传》《春秋公羊传》《春秋穀梁传》。案：即案例。断：断案的结论。

【译文】

《春秋》三传好比案例，经文就像断案的结论。

凡读史，不徒要记事迹，须要识其治乱安危兴废存亡之理。且如读《高帝纪》①，便须识得汉家四百年终始治乱当如何。是亦学也。

【注释】

①《高帝纪》：即《史记·高祖本纪》。

【译文】

研读史书的时候，不仅要记住史实，还要弄清楚历代治乱安危兴废存亡的道理。比如研读《史记·高祖本纪》一卷，就应该清楚地了解汉朝四百年始终治乱的具体情况。这样做才算是学习。

读史须见圣贤所存治乱之机，贤人君子所以进退，便是格物①。

【注释】

① 格物：推究事物之理。

【译文】

研读史书应该明白圣贤表现出来的治乱之兆，以及贤人君子出仕退隐的原因，这样做就是推究事物之理。

元祐中，客有见伊川者，几案间无他书，惟印行《唐鉴》一部①。先生曰：近方见此书。三代以后，无此议论。

① 元祐:宋代哲宗的年号。《唐鉴》:范祖禹所著。范祖禹,成都华阳人。著名史学家,"三范修史"之一。祖禹著《唐鉴》十二卷,《帝学》八卷,《仁宗政典》六卷。

【译文】

元祐年间,有位客人拜访程颐,看见他的书案上没有其他书,只放置一部印行的《唐鉴》。程颐说道:最近才看见这部书。三代以来,没有如此精当的议论。

横渠先生曰:《序卦》不可谓非圣人之蕴①。今欲安置一物,犹求审处,况圣人之于《易》? 其间虽无极至精义,大概皆有意思。观圣人之书,须遍布细密如此。大匠岂以一斧可知哉?

【注释】

①《序卦》:《十翼》之一,此篇解说六十四卦排列的顺序。

【译文】

张载说:《序卦》不可以说反映的并非圣人的旨意。今天人们想要安放一件东西,尚且要审慎地考虑安放的位置,何况圣人对《易》卦进行排列这件事呢? 《序卦》此篇虽然没有极其精深微妙的义理,但总体上来说都有其道理。研读圣人之书,也应该效法《序卦》一书布置细密。想要认识巨匠难道仅考察一斧砍削就可以做到?

古人能知《诗》者惟孟子,为其以意逆志也。夫《诗》之志至平易,不必为艰险求之。今以艰险求《诗》,则已丧其本心①,何由见诗人之志?

【注释】

① 本心:此处指平易之心。

古人能读懂《诗经》的只有孟子一人，因为他从自己的体验出发去猜测诗人的志向和诗句的原意。《诗经》中体现的志向原本是非常平和简易的，不必把诗当作深奥晦涩的东西去研究。现在用深奥晦涩的心去探求《诗经》的旨意，那么你自身的平易之心就已经丢失，还如何能够明白诗人的志向呢？

《尚书》难看，盖难得胸臆如此之大。只欲解义，则无难也。

【译文】

《尚书》研读起来很困难，难在很难拥有如此大的心胸。如果只想理解词义或文义，那就不困难了。

读书少，则无由考校得义精。盖书以维持此心。一时放下，则一时德性有懈。读书则此心常在，不读书则终看义理不见。

【译文】

一个人读的书少了，就不能将义理考校得精细周详。因为书能保持人的本善之心。书本放下一会儿，那么德行的修养就懈怠一会儿。常读书，本善之心才能得以保持。不读书则最终也无法理解义理。

六经须循环理会，义理尽无穷。待自家长得一格，则又见得别。

【译文】

六经要反反复复地研读领悟，自然会发现义理无穷无尽。等到自身的境界进了一个等级，自然又会产生新的见解。

如《中庸》文字辈，直须句句理会过，使其言互相发明。

像《中庸》一文的文字,应当一句一句地理解领会,使文章前后的语句能够互相证明。

《春秋》之书,在古无有,乃仲尼所自作,惟孟子能知之。非理明义精,殆未可学。先儒未及此而治之^①,故其说多凿。

【注释】

① 先儒:前代儒者,此指汉、唐儒者。

【译文】

像《春秋》这样的书,古时候是没有的,是孔子自己写成的,只有孟子能够明白《春秋》一书的要义。对义理不精熟的人,恐怕无法研读它。前代儒者不能达到这样的境界去研习它,所以他们对《春秋》所做的解释多是穿凿附会。

卷四　存养

或问："圣可学乎？"濂溪先生曰："可。"曰："有要乎？"曰："有。""请问焉。"曰："一为要^①。一者无欲也。无欲则静虚动直。静虚则明^②，明则通^③；动直则公^④，公则溥^⑤。明、通、公、溥，庶矣乎。"

【注释】

① 一：即守一，指守住魂神，达到无思无欲的状态。

② 明：明了无惑。

③ 通：通达无碍。

④ 公：公正。

⑤ 溥：不偏不倚。

【译文】

有人询问："可以通过学习成为圣人吗？"周敦颐回答说："当然可以。"又询问："想要成为圣人有什么要领吗？"周敦颐说："当然有。""请问要领是什么？"周敦颐说："守一便是成为圣人的要领。守一，就是做到没有物欲。没有物欲内心就能静虚，起心动念就能正直。内心静虚则明了无惑，明了无惑就通达无碍；起心动念正直就能做到公正，心念公正则做任何事都能不偏不倚。做到了明了、通达、公正、不偏，就几乎是圣人了。"

明道先生曰："思无邪""毋不敬"^①，只此二句，循而行之，安得有差？有差者，皆由不敬不正也。

① 思无邪：出自《论语·为政》。毋不敬：出自《礼记·曲礼上》。

【译文】

程颢说："心思纯正没有邪念""言行没有不敬慎的"，只要记住这两句话，照着去践行，哪里会出现差错？就算出现差错，也都是内心不敬慎不纯正的缘故。

今学者敬而不见得，又不安者，只是心生，亦是太以敬来做事得重，此"恭而无礼则劳"也^①。恭者，私为恭之恭也；礼者，非体之礼，是自然底道理也。只恭而不为自然底道理，故不自在也，须是恭而安。今容貌必端，言语必正者，非是道独善其身，要人道如何，只是天理合如此，本无私意，只是个循理而已。

【注释】

① 恭而无礼则劳：出自《论语·泰伯》："子曰：恭而无礼则劳，慎而无礼则葸，勇而无礼则乱，直而无礼则绞。"

【译文】

现在求学向道的人按敬的要求去践行却没有什么收获，恭敬行事时心中不能安定，这只是敬心还没有纯熟，也是太拘泥于敬的要求了，这就是孔子所说的"只做到外表谨恭，却不懂得礼，就会感到劳倦"。此处的"恭"，是私下为了让人觉得自己恭敬而可以表现恭敬，此处的"礼"，不是指鞠躬作揖等外在的礼节，而是指自然的道理。刻意表现得很谨恭而不遵循自然的道理，因此觉得不自在，应该要做到外在恭敬而内心安定。容貌一定要端庄，言语一定要端正，不是说要以这样的要求来完善自身，让他人评价自己如何端正，只是天地的自然之理应该这样做，本来就没有私心，只是遵循天理做事而已。

司马子微尝作《坐忘论》^①，是所谓坐驰也。

① 司马子微：司马承祯，字子微，唐朝时的道士。《坐忘论》是一部论述坐忘方法的书。坐忘，指通过端坐而达到物我两忘、与道合一的精神境界。

【译文】

司马承祯曾经写过一部名为《坐忘论》的书，书中所论述的"坐忘"就是庄子所说的"坐驰"。

伯淳在长安仓中闲坐，见长廊柱，以意数之，已尚不疑。再数之，不合。不免令人一一声言数之，乃与初数者无差。则知越著心把捉，越不定。

【译文】

有一次程颢在长安县仓中闲坐，看见长廊下的一排柱子，心下暗自数柱子，自己并不怀疑是否数得准确。重新数了一遍，与第一次柱数不符合。于是让人念着数了一遍，结果与他第一次得出的数一样。可见越用心去把握，就越把握不定。

伊川先生曰：圣人不记事，所以常记得；今人忘事，以其记事。不能记事，处事不精，皆出于养之不完固。

【译文】

程颐说：圣人从来不刻意去记事，因此常常记得住；现在的人容易忘事，因为他刻意去记事。记不住事，处理起事来不能精审，都是心性涵养得不够完善、不够坚固的缘故。

明道先生在澶州日^①，修桥，少一长梁，曾博求之民间。后因出入，见林木之佳者，必起计度之心。因语以戒学者：心不可有一事。

【注释】

① 澶州：在现在河南省濮阳。

【译文】

程颢在澶州的时候修筑桥梁，少了一根长梁，曾在民间广泛寻求。后来有事外出的时候，看到长得好的树木，就一定不由自主地想要测量它的长度。因此他告诫弟子说：人的心中不能存有一件事。

伊川先生曰：入道莫如敬。未有能致知而不在敬者。今人主心不定，视心如寇贼而不可制，不是事累心，乃是心累事。当知天下无一物是合少得者，不可恶也。

【译文】

程颐说：学习圣贤之道没有比持守恭敬之心更为重要的了。从来没有能够学得圣贤之道而不持守恭敬之心的。现在的人心中无主而不安定，反而把心看作是不可制伏的寇贼，其实并非外在之事牵制了你的心，而是你的心牵制了外在之事。应该明白天下没有任何一件事物是应该缺少的，因此不能厌恶外在之事。

人只有个天理，却不能存得，更做甚人也！

【译文】

人只有这么一个有别于物的天理，若不能保持的话，还有什么资格做人啊！

人多思虑，不能自宁，只是做他心主不定。要作得心主定，惟是止于事，"为人君止于仁"之类①。如舜之诛四凶，四凶已作恶，舜从而诛之，舜何与焉？人不止于事，只是揽他事，不能使物各付物。物各付物，则是役物。为物所役，则是役于物。有物必有则，须是止于事。

【注释】

① 为人君止于仁：出自《礼记·大学》："为人君止于仁，为人臣止于敬，为人子止于孝，为人父止于慈，与国人交止于信。"

【译文】

人思虑多的话，内心无法安宁，只是由于他心中无主而无法安定。要使得内心确立一定的主，只把心安止在应该思考的事上，就像《大学》中所说的"作为君主就只考虑如何在天下推行仁义"那样。如舜帝诛杀四凶，是由于四凶自己为非作歹，舜因而诛杀了他们，这和舜帝有什么关系呢？人不能把心安止在他应该做的事上，只是包揽其他的事，就不能每件事分别按其自身的事理去处理。每件事各自按其自身的事理去处理，这就是人心役使外物。如果人心受到外物役使，这是心役于外物。每件事物必然有每件事物的道理，应该使心安止在应该做的事情上面。

不能动人，只是诚不至。于事厌倦，皆是无诚处。

【译文】

与人相处时不能感动他人，那是内心不够真诚的缘故。处理事务感到厌倦，都是缺少诚心的缘故。

静后见万物自然皆有春意。

【译文】

内心安静就能发现万物自然都富含生机。

孔子言仁，只说"出门如见大宾，使民如承大祭"①。看其气象，便须心广体胖，动容周旋中礼自然，惟慎独是守之之法。圣人修己以敬，以安百姓，笃恭而天下平。惟上下一于恭敬，则天地自位，万物自育，气无不和，四灵何有不至②？此"体信达顺"之道③，聪明睿智，皆由此出。以此事天飨帝。

① 出门如见大宾,使民如承大祭:出自《论语·颜渊》。

② 四灵:《礼记·礼运》称麟、凤、龟、龙为四灵。

③ 体信达顺:体现诚信从而达到和顺的境界。《礼记·礼运》曰:"先王能修礼以达义,体信以达顺故,此顺之实也。"

【译文】

孔子谈论仁的时候,只说"有事外出时态度恭敬得就像去迎接尊贵的客人,统治人民谨敬得就像身负操办重大祭祀的重任"。看那气度,就该是心中坦然、身体舒泰,言行举止、待人接物都自然符合礼的要求,只有慎独是守持谨敬之心的方法呀。圣人以恭敬之心修养自己,从而安定百姓,纯厚恭敬而天下太平。只有上边的人与下边的人都能做到恭敬,那么天地就各就其位,万物就自然生长化育,阴阳之气就和谐,麟、凤、龙、龟这四种灵兽又怎么会不出现呢?这就是"体现诚信从而达到和顺的境界"的方法。聪明睿智都源于恭敬。用恭敬之心侍奉上天祭享上帝。

存养熟后,泰然行将去,便有进。

【译文】

存心养性达到纯熟的境界之后,安然地去做事,学问就会进步。

不愧屋漏,则心安而体舒。

【译文】

在没有他人的地方也不做有愧于心的事,人就能内心安定身体舒泰。

心要在腔子里①。

【注释】

① 心在腔子里：本善之心没有丢失。

【译文】

心要寄存在自己的身躯里。

只外面有些隙罅，便走了。

【译文】

只要外面还存有一点点的缝隙，本善之心就奔驰而出了。

人心常要活，则周流无穷，而不滞于一隅。

【译文】

人的心常要自在无碍，这样才能周流无穷，而不被滞留束缚在某一
个角落里。

明道先生曰："天地设位而易行乎其中"，只是敬也。敬则无
间断。

【译文】

程颢说：《周易》中有："天地确定了位置，易道就流行其间"，天地设
位也是天地敬的体现。能够做到敬就能流行不断。

"毋不敬"，可以对越上帝。

【译文】

一个人如果能做到"毋不敬"，那么他的德行就能与上帝相称。

敬胜百邪。

持守恭敬之心就能战胜一切邪恶的念头。

"敬以直内,义以方外",仁也。若以敬直内,则便不直矣。"必有事焉而勿正",则直也。

【译文】

"态度敬谨以使内心正直,内心正义以规范外在的行为",这是仁的表现。如果说刻意用敬来弄直内心,那是人为使其变直,原本就不直了。要做到孟子所说"要存心养性而不心生一个企盼的念头",让心在涵养中自然变直。

涵养吾一。

【译文】

涵养我无欲不二精诚不染的本心。

子在川上曰:"逝者如斯夫! 不舍昼夜 ①。"自汉以来,儒者皆不识此义。此见圣人之心,纯亦不已也 ②。纯亦不已,天德也。有天德便可语王道,其要只有慎独。

【注释】

① "逝者如斯夫! 不舍昼夜":出自《论语·子罕》。

② 纯亦不已:为圣人之心与天道一样纯粹无私并且从不间断。

【译文】

孔子站在河边说:"逝去的时间犹如这流水呀! 日夜从没有停息。"自汉代以来,儒者都不明白这句话的含义。由这句话可见,圣人之心像天道一样纯一且流转不已。纯一且流转不已,是天的德行。拥有了天的德行才能谈论王道,其要领是要做到慎独。

"不有躬，无攸利"①，不立己，后虽向好事，犹为化物②，不得以天下万物为挠己。已立后，自能了当得天下万物。

【注释】

① "不有躬，无攸利"：出自《周易·蒙卦》。

② 化物：即人受物欲的影响为物所化，并丧失其本善之心。

【译文】

"丧失自身，没有一点益处。"人不能自持自守、心中无主，后来尽管是向好的方面发展，仍然会为物所化，这就难以逃脱被天下万物扰乱其心。人如果能够自持自守，心中有主，自然能应付天下万事。

伊川先生曰：学者患心虑纷乱，不能宁静。此则天下公病。学者只要立个心，此上头尽有商量。

【译文】

程颐说：求学向道的人怕的是心思繁杂混乱，无法宁静。这是天下求学向道之人的通病。求学向道的人只要做到心中有主，在此基础上去努力就能有进步的空间。

闲邪则诚自存，不是外面捉一个诚将来存着。今人外面役役于不善，于不善中寻个善来存着，如此则岂有入善之理？只是闲邪则诚自存。故孟子言性善皆由内出。只为诚便存，闲邪更著甚工夫？但惟是动容貌，整思虑，则自然生敬。敬只是主一也。主一则既不之东，又不之西，如是则只是中；既不之此，又不之彼，如是则只是内。存此则自然天理明。学者须是将"敬以直内"涵养此意。直内是本。

【译文】

防止了邪恶的念头自然心怀坦诚，并非从外面捉一个诚来存放到心中。现在的人在外面忙碌地做坏事,却想在不善之中找一个善来存放在心中,这样做哪有走向善道的道理呢?如果防范住了邪恶的念头,心中自然就怀有坦诚。因此,孟子认为本善之性都是从人内心生发。只因为心中存有诚,哪里还需要防范邪恶的念头呢?也就只剩下整齐外在的容貌,理顺内心的思虑,这样做了自然生发恭敬之心。敬只不过是使精神集中于一个地方。精神集中于一个地方,心思就不会有时走向东,有时走向西,这样做了就是守中;既不走向这边,也不走向那边,心就存在于身躯之内。如此存心,自然能够弄明白天理。求学向道的人应做到"态度恭敬以弄直内心"来涵养心性。弄直内心是根本。

闲邪则固一矣。然主一则不消言闲邪。有以一为难见,不可下工夫,如何? 一者无他,只是整齐严肃,则心便一。一则只是无非僻之干。此意但涵养久之,则天理自然明。

【译文】

防止了邪恶的念头就能使思虑更加专一。但心能专一的话就不需要再提及防止邪恶的念头。有些人觉得"一"字虚渺无形,不知如何去下功夫,怎么办呢? 其实"一"没有特别的含义,只要做到外表整齐神情严肃,心便能专一。"一"不过是不受邪恶念头的干扰而已。这个道理只要在心中涵养久了,就自然能明晓天理了。

有言:未感时,知何所寓? 曰:"操则存,舍则亡,出入无时,莫知其乡。"更怎生寻所寓? 只是有操而已。操之之道,"敬以直内"也。

【译文】

有人说:心未与外事相感之时,知道心寄存在何处呢? 程颐说:"孟子说'守持它,它便存在,舍弃它,它便丢失;其进入不定时,无法知道它的去向。'又怎么去寻找它寄存的地方呢? 只是要守持它不让它丢失而已。守持心的办法,就是《周易》中所说的'敬以直内'。"

敬则自虚静,不可把虚静唤做敬。

【译文】

人做到了敬,内心就自然虚静,但不可将虚静叫作敬。

严威俨恪^①,非敬之道,但致敬须自此入。

【译文】

只是外表做到庄重恭敬,还不是持敬的方法,但要达到内心恭敬的境界,要从这里入门做起。

"舜孳孳为善。"^①若未接物,如何为善?只是主于敬,便是为善也。以此观之,圣人之道,不是但默而无言。

【注释】

① 舜孳孳为善:出自《孟子·尽心上》:"鸡鸣而起,孳孳为善者,舜之徒也。"孳孳:同"孜孜",勤勉,不懈怠。

【译文】

"舜听到鸡鸣,就不知疲倦地做善事。"如果此时他的心还未与外事相接,他又如何做善事呢?其实只要内心以敬为主,就是在做善事了。从此处可见,圣贤之道,并非只是默而无言。

问:人之燕居^①,形体怠惰,心不慢可否?曰:安有箕踞而心不慢者?^②昔吕与叔六月中来缑氏,闲居中某尝窥之,必见其俨然危坐,可谓敦笃矣^③。学者须恭敬,但不可令拘迫^④,拘迫则难久。

【注释】

① 燕居：退朝而处，闲居。

② 箕踞：一种轻慢的坐态。即张开两腿坐着，形如簸箕。

③ 缑（gōu）氏：县名，在现在河南省偃师县东南。

④ 拘迫：拘束谨慎。

【译文】

有人询问：人闲居时，身体懒惰散漫，但心不懈怠轻慢，可以吗？程颐说：哪里有伸开两腿坐着而心不怠慢的呢？以前吕大临在酷热的六月到缑氏这个地方，他闲居的时候我曾经悄悄观察他，每次都见他严肃庄重地端坐着，可以说是敦厚笃实了。求学向道要做到恭敬，但不能过分拘束谨慎，拘束谨慎就很难持久。

思虑虽多，果出于正，亦无害否？曰：且如在宗庙则主敬，朝廷主庄，军旅主严，此是也。如发不以时，纷然无度，虽正亦邪。

【译文】

有人询问：心中思虑虽然很多，但确实都是正念，应该没有妨害吧？程颐说：有如身处于宗庙里，人就应主于敬，身处于朝廷上，心就应主于庄重，身处于军队中，心就应主于严肃，这些都是正确的。如果你的思虑没有适时而发，纷乱且没有法度，那么纵然是端正的思虑也是邪念。

问：人心所系著之事果善，夜梦见之，莫不害否？曰：虽是善事，心亦是动。凡事有朕兆入梦者却无害，舍此皆是妄动。人心须要定，使他思时方思乃是。今人都由心。曰：心谁使之？曰：以心使心则可。人心自由，便放去也。

【译文】

有人询问：人心所系的确实是善事，夜里又梦见此事，应该没有危害吧？程颐回答说：纵然属于善事，心还是动了。凡事有预兆而入梦的都

78

无害处，除此之外的其他梦都是因为心思妄动。人心要安定，让它思考时才思考才是。现在的人却都任凭心去乱想。又问：心应该由谁来差遣控制呢？程颐说：以心来使唤心就可以了。人心自由无束，就容易放纵而丢失。

"持其志，无暴其气"，内外交相养也。

【译文】
"内在守持心志，外在不放任血气"，这就是从内志与外气两方面来存心养性的方法。

问："出辞气"，莫是于言语上用工夫否？曰：须是养乎中，自然言语顺理。若是慎言语，不妄发，此却可著力。

【译文】
有人询问：曾子所说的"出辞气"，莫不是要在言语方面下功夫？程颐说：应该是存心养性，自然言语就有条理。如果是出言谨慎，不随便说话，这却是可以在言语上下功夫的。

先生谓绎曰①：吾受气甚薄，三十而浸盛，四十五十而后完。今生七十二年矣，校其筋骨，于盛年无损也。绎曰：先生岂以受气之薄，而厚为保生邪？夫子默然，曰：吾以忘生徇欲为深耻。

【注释】
① 绎：即张绎，程颐门人。

【译文】
程颐说：我所禀受的天赋气性很薄，到三十岁才渐渐气血强盛，等到四五十岁才算完备。现在七十二岁了，看我的筋骨，不比青壮年时期的差。张绎说：先生您难道是因为所禀受的天赋气性薄，因此注重保养生命吗？程颐沉默不语,然后说:我把不顾身体追求物欲看作是奇耻大辱。

大率把捉不定,皆是不仁。

【译文】

一般说来人心把握不定,都是不仁的缘故。

伊川先生曰:致知在所养,养知莫过于寡欲二字。

【译文】

程颐说:获取知识关键是要培养智力,培养智力不如寡欲二字更能说明方法所在了。

心定者其言重以舒,不定者其言轻以疾。

【译文】

心安的人说话审慎而和缓,心不安的人说话轻率而急躁。

明道先生曰: 人有四百四病①,皆不由自家,则是心须教由自家。

【注释】

① 四百四病:谓四肢百体的四时病痛。泛指各种疾病。

【译文】

程颢说:人有各种疾病,都由不得自己控制。只是这心应该要让它由自己控制。

谢显道从明道先生于扶沟①,一日谓之曰:尔辈在此相从,只是学颢言语,故其学心口不相应,盍若行之②?请问焉,曰:且静坐。伊川每见人静坐,便叹其善学。

【注释】

① 显道:谢良佐,字显道,蔡州上蔡(河南上蔡)人,人称上蔡先生或谢上蔡。二程弟子。扶沟:县名,今属河南。神宗熙宁中,程颢曾知扶沟县。

② 盍若行之:不如去实行。

【译文】

谢良佐跟从程颢在扶沟学习,有一天程颢对谢良佐说:你们在这里跟随我学习,只是学到我的言语罢了,你们的学问不能做到心口相应,不如去付之行动。谢良佐请问该如何做,程颢说:且去静坐吧。程颐每次看见人静坐,就赞扬这个人善于学习。

横渠先生曰:始学之要,当知"三月不违"与"日月至焉"内外宾主之辨。使心意勉勉,循循而不能已,过此几非在我者。

【译文】

张载说:刚开始求学的关键是,要明白"长时间不离开仁"的人与"偶然想到仁"的人内外宾主的区别。使自己的心意勤奋不懈,循序渐进而不停止,过了此一阶段,学业的进步就不由自主、欲罢不能了。

心清时少,乱时常多。其清时视明听聪,四体不待羁束而自然恭谨。其乱时反是。如此何也? 盖用心未熟,客虑多而常心少也,习俗之心未去,而实心未完也。人又要得刚,太柔则入于不立。亦有人主无喜怒者,则又要得刚,刚则守定不回,进道勇敢。载则比他人自是勇处多。

【译文】

人心清净的时候少,杂乱的时候多。心清时人就听觉灵敏视力澄明,四肢用不着约束就自然恭敬谨慎。人心杂乱的时候恰好相反。这是为何呢？是因为存心养性还未达到没有私欲的纯熟地步,杂念多而恒心少,习俗之心未能摒除,义理之心尚未完备。人又需要刚强,太柔弱就无法立足。也有人主张不生喜怒,这样的人需要刚强,刚强了就能坚定不移,进修道业时就有勇气有胆量。我张载就是比别人勇猛的地方多。

戏谑不惟害事,志亦为气所流。不戏谑亦是持气之一端也。

【译文】

开玩笑不仅碍事,并且心志也会受到气的影响而混乱。不开玩笑也是守持心志的一个方面。

正心之始,当以己心为严师。凡所动作,则知所惧。如此一二年,守得牢固,则自然心正矣。

【译文】

开始端正内心时,应以心作为自己的严师。凡有所举动时,就知道该戒惧什么。这样坚持上一二年,守得牢固了,那么心就自然端正了。

定然后始有光明。若常移易不定,何求光明？《易》大抵以艮为止,止乃光明。故《大学》定而至于能虑,人心多则无由光明。

【译文】

定止之后才会出现光明。如果经常移动不定,到哪里去寻求光明？《周易》上大体把艮解释为止,止就是光明。因此《大学》中说要做到定之后才能思考,人心顾虑多了就不能光明。

"动静不失其时,其道光明。"[①] 学者必时其动静,则其道乃不蔽昧而明白。今人从学之久,不见进长,正以莫识动静,见他人扰

近思录

扰，非关己事，而所修亦废。由圣学观之，冥冥悠悠，以是终身，谓之光明可乎？

【注释】

① "动静不失其时，其道光明"：出自《周易·艮卦》："时止则止，时行则行。动静不失其时，其道光明。"

【译文】

"动静不错失时宜，它的道就自然光明。"求学向道的人一定要顺应时宜把握动静，他的道才能不被闭塞而清楚明了。现在的人跟随老师学了很长的时间，不见学问有所进步，正是由于不知动静之机，看见他人忙忙碌碌的，本来与自己一点关系都没有，自己则受干扰，导致自己所进修的德业也荒废了。用圣贤之学来看这些人，整日昏昏沉沉，一辈子都如此，说他们光明可以吗？

敦笃虚静者仁之本。不轻妄则是敦厚也，无所系阂昏塞则是虚静也。此难以顿悟。苟知之，须久于道实体之，方知其味。夫仁亦在乎熟而已。

【译文】

敦厚笃实清虚宁静是仁的根本。而不轻率妄为就是敦厚笃实，心灵没有隔阂和闭塞就是清虚宁静。这一点难以顿然领悟。如果想要理解，必须长期对道有切实的体会，才能明白其中的韵味。仁也不过是将心性存养达到纯熟的结果。

卷五　克己

濑溪先生曰：君子乾乾不息于诚 ^①，然必惩忿窒欲 ^②，迁善改过而后至。《乾》之用其善是，《损》《益》之大莫是过，圣人之旨深哉？ "吉凶悔吝生乎动 ^③。"噫，吉一而已，动可不慎乎！

【注释】

① 乾乾：自强不息，努力不懈。《周易·乾卦》："君子终日乾乾，夕惕若厉，无咎。"

② 惩忿窒欲：《周易·损卦》："山下有泽，损。君子以惩忿窒欲。"惩：即克制。忿：即愤怒。窒：阻塞。

③ 吉凶悔吝生乎动：《周易·系辞下》："吉凶悔吝者，生乎动者也。"悔吝：即灾祸。《系辞上》曰："悔吝者，忧虞之象也。"

【译文】

周敦颐说：君子努力不懈地要达到诚的境界，然而一定要克制愤怒，抑制欲望，去恶为善改正过失，这样做之后才能达到诚的境界。《乾》卦的功用善处就在这里，《损》卦和《益》卦要阐明的大道理也不过如此，圣人的旨意多深刻呀！《周易·系辞》中说："吉凶悔吝生乎动。"但是，"吉凶悔吝"这卜卦的结果，只有"吉"字是美好而已，一举一动不可不慎重啊！

濑溪先生曰：孟子曰："养心莫善于寡欲。"予谓养心不止于寡而存耳。盖寡焉以至于无，无则诚立明通。诚立，贤也；明通，圣也。

周敦颐说：孟子说过："修养心性的方法没有比寡欲更有用的了。"我则认为修养心性不能只局限于节制欲望而存养心性。节制欲望到达没有欲望的境界，到了没有欲望的地步，真诚无妄的美好品质就能确立，明睿的智慧就能通达天下事理。真诚确立了就是贤，明哲通达了就是圣。

《复》之初九曰："不远复，无祇悔，元吉。"《程氏易传》曰：阳，君子之道，故复为反善之义。初，复之最先者也，是不远而复也。失而后有复，不失则何复之有？惟失之不远而复，则不至于悔，大善而吉也。颜子无形显之过，夫子谓其庶几，乃"无祇悔"也。过既未形而改，何悔之有？既未能"不勉而中""所欲不逾矩"，是有过也。然其明而刚，故一有不善，未尝不知；既知，未尝不遽改，故不至于悔，乃"不远复"也。学问之道无他，惟其知不善则速改以从善而已。

《周易·复卦》的初九爻辞说："起步不远就回复正道，没有灾祸、悔恨，大吉利。"程颐在《程氏易传》中解释说：阳是象征君子之道，所以《复》卦的复意思就是返回善道。《复》卦的初爻，是阳气复生开始的地方，是走得不太远就返回来。先有失去然后才有复返，不失去哪里有复返呢？只因为失去得不远就返回来了，才不至于有灾祸，所以大善而吉利。颜回已经显现出来为他人可见的错误行为，孔子夸他接近圣人之道，因此"没有大的灾祸"。错误的行为既然还没有显现出来就改正了，会有什么灾祸呢？但既然还不能到达"不须努力就合乎中道"的境界，也还不能"从心所欲而不超越法度"，那他还是会犯错误。但他智慧明了而行为刚强，所以一有不善的地方，他没有不发现的；发现之后，没有不马上改正的，所以不至于有灾祸，也就能做到"走得不太远就返回来"啊。求学向道没有特别的方法，只不过是认识到自身存在不善的地方就迅速改正以返回善道而已。

《晋》之上九："晋其角,维用伐邑,厉吉,无咎,贞吝。"《程氏易传》曰:人之自治,刚极则守道愈固,进极则迁善愈速。如上九者,以之自治,则虽伤于厉,而吉且无咎也。严厉非安和之道,而于自治则有功也。虽自治有功,然非中和之德,故于贞正之道为可吝也。

【译文】

《周易·晋卦》的九爻辞说:"这一爻位于晋卦的极点,其性为刚,取象为动物的角,只有用来讨伐叛乱的城邑,先经历危厉而后转化为吉利,没有什么灾祸。但站在正道的角度来看,这属于羞吝。"程颐在《程氏易传》中解释说:人的自我修养,刚强到了极点则守持道业就越发坚固,增进道业到了极点去恶向善就更为迅速。上九这一爻的精神,用来自我修养,虽然存在过分严厉的缺陷,但还是吉利无害的。严厉不合乎安定中和之道,但用来自我修养则有功效。尽管用来自我修养有效,但并非中和之道,所以从正道的角度来看,这还属于可羞吝的。

《损》者,损过而就中,损浮末而就本实也[①]。天下之害,尤不由末之胜也。峻宇雕墙,本于宫室;酒池肉林,本于饮食;淫酷残忍,本于刑罚;穷兵黩武,本于征讨。凡人欲之过者,皆本于奉养。其流之远,则为害矣。先王制其本者,天理也;后人流于末者,人欲也。《损》之义,损人欲以复天理而已。

【注释】

① 浮末:指浮夸末流之事。本实:指根本实际之事。

【译文】

《损》卦的大意是,削损过分的言行而使其合乎中正之道,削减浮夸的末流而接近根本的实在。天下有害的事情,都是由于末流之事战胜了根本之事。高大的屋宇,华美的墙壁,本源于遮蔽风雨的房屋;以酒为池悬肉为林的奢费,本于饮食之需;淫刑酷虐的残忍政治,本于惩恶扬善的刑罚；滥用武力，肆意发动战争，本于征讨。凡是人的物欲过度的，都本于正常的奉养。其末流的事情离根本远了，就是有害了。前代君王制定根本的法度，是依据天理的；后世的人流于浮夸之事，就是放纵人的欲望了。《损》卦的大意是，减损人的欲望以恢复天理。

夫人心正意诚，乃能极中正之道，而充实光辉。若心有所比，以义之不可而决之，虽行于外不失其中正之义，可以无咎，然于中道未得为光大也。盖人心一有所欲，则离道矣。故《夬》之九五曰："苋陆夬夬，中行无咎。"而《象》曰："中行无咎，中未光也。"夫子于此，示人之意深矣。

【译文】
人做到了内心端正心志真诚，才能践行不偏不倚的正道，品德充实于心而光辉显耀于外。如果内心比附不善，又因为不符合大义而与之决断，尽管外在的行为没有违反中正之道，没有灾害，但从中道的角度来看不能算是光明正大。因为人心一旦有欲望，就会离开正确的大道。因此，《夬》卦的九五爻辞说："苋陆夬夬，中行无咎。"而《象》传却说："中行无咎，中未光也。"孔老夫子在此处要揭示给人的道理多深刻呀。

方说而止，《节》之义也。

【译文】
处于喜悦之时而能节制，这是《节》卦的精神呀。

《节》之九二，不正之节也。以刚中正为节，如"惩忿窒欲，损过抑有余是也。不正之节，如啬节于用，懦节于行是也"。

【译文】
《节》卦的九二爻，是不正的节制，也就是说不该节制的时候却去节制。九五爻是刚中正的节制,也就是说应该节制而节制,如克制愤怒,抑制欲望,削减过度的,抑制多余之类。不正的节制,如吝啬之人节省费用开支,懦弱之人节制行为之类。

或谓:人莫不知和柔宽缓,然临事反至于暴厉。曰:只是志不胜气,气反动其心也。

【译文】

有人说:人没有谁不知道做人要和柔宽缓,但遇到事情的时候反而变得凶狠残暴不合情理。程颐说:这只是心志战胜不了形气,形气反而动摇了心志的缘故。

人不能祛思虑,只是吝。吝故无浩然之气。

【译文】

程颢说:一个人不能驱除内心的闲思杂虑,只是心怀私意小智的缘故,心怀私意小智就没有正大刚直之气。

治怒为难,治惧亦难。克己可以治怒,明理可以治惧。

【译文】

改变容易愤怒的毛病很困难,改变容易畏惧的毛病也很困难。克制私欲能够治怒,明白事理能够治惧。

尧夫解"他山之石,可以攻玉"①:玉者,温润之物,若将两块玉来相磨,必磨不成,须是得他个粗砺底物,方磨得出。譬如君子与小人处,为小人侵陵,则修省畏避,动心忍性,增益预防,如此便道理出来。

① 尧夫:邵雍,字尧夫,河南(今洛阳)人,宋代学者,著有《皇极经世》等书。

【译文】

邵雍是这样解释"他山之石,可以攻玉"这句话的:玉是温和细润的物品,如果用两块玉来相磨,一定磨不成功,需要借助其他粗石,才能磨出美玉。这就好比君子与小人互相交往,君子被小人欺压凌辱,就能修身反省回避小人,震动自己的心意,坚韧自己的性情,增强自己的本领,防备祸患的发生。如此一来,道理也就体现在君子身上了。

九德最好①。

【注释】

① 九德:《尚书·皋陶谟》曰:"皋陶曰:亦行有九德:宽而栗,柔而立,愿而恭,乱而敬,扰而毅,直而温,简而廉,刚而塞,强而义。"

【译文】

《尚书·皋陶谟》中提到的九种品德最好。

饥食渴饮,冬裘夏葛。若致些私吝心在,便是废天职。

【译文】

饥饿了就吃饭,口渴了就饮水,冬天冷了就穿裘衣,夏天热了就穿葛衫,这是所谓的天职。如果心怀一点儿私吝贪欲,去追求口腹体肤的享受,那便是废弃天职。

猎,自谓今无此好。周茂叔曰①:"何言之易也?但此心潜隐未发,一日萌动,复如前矣。"后十二年,因见,果知末。

【注释】

①周茂叔:周敦颐,字茂叔,道州营道(今湖南道县)人。宋代思想家、理学家,道州营道县(今湖南道县)人,人称濂溪先生。他继承《易传》和部分道家以及道教思想,提出一个简单而有系统的宇宙构成论,说"无极而太极","太极"一动一静,产生阴阳万物。他的理学思想在中国哲学史上起了承前启后的作用。

【译文】

程颢曾说:"我年少的时候喜欢打猎,现在我觉得已经没有这个嗜好了。"周敦颐听后说:"你说得太容易了呀!你只是打猎的心念潜隐起来没有显现而已,一朝萌动了,就又和以前一样了。"十二年后,程颐看见有人打猎,不觉生发喜好之心,果然明白这种嗜好尚未戒除。

伊川先生曰:大抵人才有身,便有自私之理,宜其与道难一。

【译文】

程颐说:人才拥有了形体,内心便生发自私之理。难怪人心很难合乎道。

罪己责躬不可无,然亦不当长留在心胸为悔。

【译文】

人有过失怪罪自己、反躬自责是不可缺少的,但自责之念不可长久记在心里而成为悔恨。

所欲不必沉溺,只有所向便是欲。

【译文】

喜欢一件事物不一定要到了沉迷的地步才能叫作嗜欲,只要内心产生了喜欢的趋向就是欲了。

明道先生曰：子路亦百世之师。

【译文】

程颢说：子路也称得上是百世之师。

人语言紧急，莫是气不定否？曰：此亦当习，习到言语自然缓时，便是气质变也。学至气质变，方是有功。

【译文】

有人问：一个人说起话来非常急迫，难道是气性不定的缘故吗？程颐回答说：这也需要逐渐养成习惯，等到说起话来自然舒缓的时候，就证明气质变化了。通过学习而使气质变化，这才算是有功效。

问：不迁怒，不贰过，何也？《语录》有怒甲不移乙之说①，是否？伊川先生曰：是。曰：若此则甚易，何待颜子而后能？曰：只被说得粗了，诸君便道易，此莫是最难，须是理会得因何不迁怒。如舜之诛四凶②，怒在四凶，舜何与焉？盖因是人有可怒之事而怒之，圣人之心本无怒也。譬如明镜，好物来时便见是好，恶物来时便见是恶，镜何尝有好恶也？世之人固有怒于室而色于市③。且如怒一人，对那人说话，能无怒色否？有能怒一人而不怒别人者，能忍得如此，已是煞知义理。若圣人因物而未尝有怒④，此莫是甚难。君子役物，小人役于物。今见有可喜可怒之事，自家著一分陪奉他，此亦劳矣。圣人之心如止水。

【注释】

① 《语录》：当指程颐的门人所编的程氏语录。
② 诛四凶：事见《尚书·舜典》，四凶分别为共工、驩兜、三苗、鲧。
③ 怒于室而色于市：《左传》昭公十九年："谚所谓室于怒市于色者，楚之谓矣。"

④ 圣人因物而未尝有怒：程颢在《答横渠张子厚先生书》："圣人之喜，以物之当喜；圣人之怒，以物之当怒。是圣人之喜怒不系于心而系于物也。"

【译文】

有人问：论语中所说的"不迁怒，不贰过"，意思是什么呢？先生您的《语录》上有不把对甲的怒气发泄到乙身上的说法，是吗？程颐说：是的。问者说：不迁怒的话非常容易，为什么只有颜回这样的贤人才能做到呢？程颐说：只是说的话浅显不深奥，你们就认为很容易，这恐怕是最难做到的事了，应该要理解领悟颜回不迁怒的原因。比如舜帝诛杀恶名昭彰的四凶吧，怒的根源在四凶身上，和舜帝又有什么关系？因为这个人身上有该对其发怒的事才对其发怒，圣人之心原本是不存在怒的。圣人之心犹如一面镜子，好的事物映照进来就照见其好，恶的东西映照进来就照见其恶，镜子本身哪里有好和恶之分呢？世上的人当然有在家中发了脾气而跑到闹市中给人脸色看的。比如对一个人发了脾气，再和他说话，能没有愤怒的神色吗？有能对一个人发脾气而不迁怒于他人的人，能够容忍这样的地步，他已经明白义理了。至于说圣人针对该对其发怒的事物才对其发怒而自心不存在怒，这恐怕是非常困难的。君子能够役使外物，因物之可怒而怒，小人受到外物的役使，心受外物的感染而心生喜怒。看到牵引内心生发喜怒的事，自己也用一分喜怒去奉陪，这确实很累人了。圣人之心就像水一样静止，映照万物而自身平静不动。

明道先生曰：人之视最先，非礼而视，则所谓开目便错了。次听、次言、次动，有先后之序①。人能克己，则心广体胖，仰不愧，俯不怍，其乐可知。有息则馁矣。

【注释】

① "次听、次言、次动，有先后之序"：《论语·颜渊》曰："非礼勿视，非礼勿听，非礼勿言，非礼勿动。"

程颢说：视、听、言、动这四种人体的知觉，最关键的是视。如果不合乎礼仪法度而去看，那就是所谓的眼睛一睁开就错了。其次是听，再次是言，最后是动，这四方面有先后的顺序。人能够抑制欲望，就心中坦然，身体舒泰，上不愧于天，下不愧于人，可想象其中之乐。这种乐一旦中断，内心之气便欠缺了。

圣人责己感也处多，责人应也处少。

【译文】

圣人要求自己感发别人的地方多，要求他人应己的地方少。

见贤便思齐，有为者亦若是；"见不贤而内自省"，盖莫不在己。

【译文】

遇见有才德的人，便要立志赶上他。有所作为的人，也应该这样做。"遇见无德行的人，就要自我反省。"因为他们身上的缺点自己身上都有。

横渠先生曰：湛一 ①，气之本；攻取，气之欲。口腹于饮食，鼻舌于臭味，皆攻取之性也。知德者属厌而已 ②，不以嗜欲累其心，不以小害大、末丧本焉尔。

【注释】

① 湛一：指形容太和之气清纯合一。

② 属厌而已：不贪心，适可而止。《左传》昭公二十八年："愿以小人之腹为君子之心，属厌而已。"属厌，饱足。

【译文】

张载说：清纯合一是气的本体，摄取外物是气的欲望，口腹寻求饮食，鼻舌寻求气味和滋味，都是心性摄取外物的表现。那些懂得道德的人对待外物的态度是适合便好，不让过分的嗜好与欲望连累其本善之心。本善之心是根本，是大的方面，嗜好与欲望是末端，是小的方面，懂得道德的人不会因小害大，不会因末节丧失做人的根本。

纤恶必除，善斯成性矣；察恶未尽，虽善必粗矣。

【译文】
一点儿的恶也务必消除干净，这样善性才能养成；不能够察遍自身之恶，即使做善事，也一定是粗而不纯的。

恶不仁，是不善未尝不知。徒好仁而不恶不仁，则习不察，行不著，是故徒善未必尽义，徒是未必尽仁。好仁而恶不仁，然后尽仁义之道。

【译文】
厌恶不仁，有了这样的态度就能做到有不善的地方没有不能察觉的。只是爱好仁德而对不仁不厌恶，那就不能明察所学道理的正误与否，也不能辨别所行之事当与不当，所以只做了善，还未能完全符合义的要求，只做了正确的事，不一定就是完善的仁。爱好仁德而又对不仁感到厌恶，这样做了之后才能穷尽仁义之道。

责己者，当知无天下国家皆非之理。故学至于不尤人，学之至也。

【译文】
人要经常督责自己，应当明白，没有世上之人都不对的道理。所以求学向道达到了不责怪怨恨他人的地步，就达到了学道的最高境界了。

有潜心于道，忽忽焉为他虑引去者，此气也。旧习缠绕，未能脱洒,毕竟无益,但乐于旧习耳。古人欲得朋友,与琴瑟简编,常使心在于此。惟圣人知朋友之取益为多,故乐得朋友之来。

【译文】

有的人要专心学道,但他的心却忽忽悠悠地被其他杂虑牵引出去,从根本上说是本心被客气牵动了。长久积累的习惯缠绕着你的心,不能摆脱积习而超脱自主,毕竟是没有益处的,其原因只是乐于长久积累的习惯罢了。古人想要结识朋友,以及琴瑟、书册这些东西,常常使心安放在这上边。因为圣人知道从朋友那里得到的益处很多,因此很乐意有朋友前来。

世学不讲^①,男女从幼便骄惰坏了,到长益凶狠。只为未尝为弟子之事^②,则于其亲已有物我,不肯屈下,病根常在。又随所居而长,至死只依旧。为弟子,则不能安洒扫应对;在朋友,则不能下朋友;有官长,则不能下官长;为宰相,则不能下天下之贤。甚则至于徇私意,义理都丧。也只为病根不去,随所居所接而长。人须一事事消了病。则义理常胜。

【注释】

① 世学:犹家学,世代相传的学问。

② 弟子之事:即弟子的职务。《论语·子张》记载孔子曰:"弟子入则孝,出则悌,谨而信,泛爱众,而亲仁。"

【译文】

现在的人不讲究为学之道了,男男女女从小就被娇惯得骄纵怠惰,长大后之就更加恶劣了。只因为没有经历洒扫、应对、进退这些弟子本来应做的训练,于是他们对于父母也存有你我之分,不肯屈己下人。从小养成的骄纵怠惰的病根一直存在,又伴随着生活而滋长,等到死的时候病根依旧。身为弟子,就无法去从事洒水扫地、应答回话之类的弟子职;与朋友相处,不能尊重敬爱朋友;上边有官长,也不能礼敬长官;身为宰相，则不能礼遇天下的有才之士。严重的达到放纵自己欲望的程度，义理完全丧失。这也只是从小养成的病根没有除去，又随着他的生活环境和人际关系而滋长。人应该在每件事上面下功夫去除自己的旧病，这样做的话义理就会常胜。

凡所当为，一事意不过，则推类，如此善也。一事意得过，以为且休，则百事废矣。

【译文】
凡是应该做的事，如果遇到一件事内心感到不够妥帖，就依次类推下去；遇到不妥帖的事情就不轻率践行，这样做万事皆善。遇到一件事内心感到妥帖，就认为可以暂时停下来，那么接下来的一切事就会荒废。

卷六　家道

伊川先生曰：弟子之职，力有余则学文^①。不修其职而学文，非为己之学也。

【注释】
① 文：指《诗》《书》《礼》《乐》《易》《春秋》这六经。

【译文】
程颐说：弟子尽完了孝顺父母、敬爱兄长等这些职分之后，还有精力的话就去学习六经之文。不践行弟子的职分而去学习辞章，那不是圣人所说的"为己之学"。

孟子曰："事亲若曾子可也。"未尝以曾子之孝为有余也。盖子之身所能为者，皆所当为也。

【译文】
孟子说过："侍奉双亲能像曾子那样做就不错了。"孟子不认为曾子的孝顺之举有过分之处。作为儿子自身能够做到的事，都应该为父母去做。

"干母之蛊，不可贞。"^① 子之于母，当以柔巽辅导之^②，使得于义。不顺而致败蛊，则子之罪也。从容将顺，岂无道乎？若伸己刚阳之道，遽然矫拂则伤恩^③，所害大矣，亦安能入乎？在乎屈己下意，巽顺相承，使之身正事治而已。刚阳之臣事柔弱之君，义亦相近。

【注释】

① 干母之蛊，不可贞：出自《周易·蛊卦》九二爻辞。

② 巽：卑顺，谦让。《周易·蒙卦》曰："童蒙之吉，顺以巽也。"

③ 遽然：急躁的样子。矫拂：拂逆，违背。

【译文】

《周易·蛊卦》载："干母之蛊，不可贞。"儿子侍奉母亲，应以柔顺的方法来开导辅助她，使母亲的言行能够合于义理。做儿子的对母亲不能顺柔而导致事情败坏，那是身为儿子的罪过。从容柔顺地侍奉母亲，难道就不能将母亲的事处理得很好吗？若伸张自己的阳刚之道，急于去矫正母亲的言行，违抗了母亲的心意，就会损害母子间的恩情，害处就很大了，又如何能让母亲心平气和地听进去呢？身为儿子，要做的是屈抑自己的心志，柔顺地侍奉母亲，慢慢感化她，最终做到身处正道，事情也处理妥当了。刚阳的臣子事奉柔弱的君王，道理也与此差不多。

世人多慎于择婿，而忽于择妇。其实婿易见，妇难知，所系甚重，岂可忽哉！

【译文】

世人在选择女婿时多谨慎认真，却不怎么重视选择媳妇。实际上女婿的言行容易被觉察，媳妇的德行很难被知道，并且对家庭关系影响很大，怎么能够不重视呢？

人无父母，生日当倍悲痛，更安忍置酒张乐以为乐？若具庆者可矣①。

【注释】

① 庆：父母俱在。

【译文】

人丧失了父母，生日当天应该更加伤心，怎么还忍心摆设酒宴奏响音乐来寻求快乐呢？如果父母都还活着的话这样做是可以的。

今人多不知兄弟之爱。且如闾阎小人，得一食必先以食父母，夫何故？以父母之口，重于己之口也。得一衣必先衣父母，夫何故？以父母之体重于己之体也。至于犬马亦然，待父母之犬马，必异乎己之犬马也。独爱父母之子，却轻于己之子，甚者至若仇敌。举世皆如此，惑之甚矣。

【译文】

现在的人多不明白什么是兄弟之爱。比如市井小民，有一点吃的东西就一定先给父母吃，这是什么原因呢？因为父母的口腹比自己的口腹重要。有了一件衣服就一定先给父母穿，又是什么原因呢？因为父母的身体比自己的身体还重要。以至于饲养狗马也是这个道理，饲养父母的狗马，一定比饲养自己的狗马要好。仅仅爱护父母的孩子，却疏忽对自己孩子的爱护，严重的还达到成为仇敌的地步。世上的人都是这样，确实太不明事理了。

病卧在床，委之庸医，比之不慈不孝。事亲者亦不可不知医。

【译文】

程颢说：自己的亲人生病在床，却将他们的生命交给医术不高明的医生，生病的人是孩子，你这样做就是不慈，生病的人是父母，你这样做就是不孝。所以奉养双亲也不能不明白医学道理。

程子葬父，使周恭叔主客 ①。客欲酒，恭叔以告，先生曰：勿陷人于恶。

【注释】

① 周恭叔：名行己，永嘉人，程颐门生。主客：接待宾客。

【译文】

程颐葬送父亲,使周行己去接待宾客。有客人想要饮酒,周行己就将这事请示程颐,程颐不允许,说道:不要让人陷入违背礼仪的罪恶之地。

横渠先生曰:事亲奉祭,岂可使人为之?

【译文】

张载说:生前侍养双亲、死后祭奠双亲,这些事怎么可以让别人代替自己去做呢?

舜之事亲有不悦者,为父顽母嚚,不近人情。若中人之性,其爱恶略无害理,姑必顺之。亲之故旧,所喜者须极力招致,以悦其心。凡于父母宾客之奉,必极力营办,亦不计家之有无,然为养又须使不知其勉强劳苦,苟使见其为而不易,则亦不安矣。

【译文】

舜帝侍养父母十分周全而父母尚且不悦,是由于舜帝的父亲冥顽母亲多恶,不合乎人之常情。如果你的父母性情中等,他们的好恶大体不妨害义理,姑且要顺从他们。父母的旧交,他们相好的人应该尽自己的能力去招致邀请,让父母愉悦。大凡供奉父母的宾客,一定要尽力去筹办,不去计较家境是否宽裕与贫困,但这种奉养又不能让父母知道你为了这事十分劳苦,如果让他们知道儿子筹办很不容易,那么他们就会感到不安也不会愉悦了。

《斯干》诗言①:"兄及弟矣,式相好矣,无相犹矣。"言兄弟宜相好,不要相学。犹,似也。人情大抵患在施之不见报则辍,故恩不能终。不要相学,己施之而已。

【注释】

①《斯干》:《诗经·小雅》中的一篇。

【译文】

《斯干》中说:"兄及弟矣,式相好矣,无相犹矣。"意思是说兄弟之间应该和睦相处,不能效法对方不善的言行。犹,意思是似。人情大体怕的是我和善地对他人,他人却不和善地对待我,于是就断绝关系,因此恩情有始无终。不要互相学习对方不好的地方,自己只管做好自己的本分就是了。

卷七　出处

伊川先生曰：贤者在下，岂可自进以求于君？苟自求之，必无能信用之理。古人之所以必待人君致敬尽礼而后往者，非欲自为尊大，盖其尊德乐道之心不如是，不足与有为也。

【译文】

程颐说：有才德的人处于低下的地位，怎么可以将自己推荐给国君呢？如果将自己自荐于他，一定不能被他信任重用。古人之所以一定要等到君主对他致敬礼过后才去辅佐他，并非要显示自己尊贵伟大，而是因为国君没有尊崇德行喜好圣贤之道的心思，就不能够与他一起干出一番伟业。

君子之需时也，安静自守。志虽有须，而恬然若将终身焉，乃能用常也。虽不进而志动者，不能安其常也。

【译文】

君子等待时机的过程中，要做到安静自我守持。心志上有等待时机的迹象，但外表安然不在意像是要一辈子都如此自守下去，这样的话才不失其常。虽然没有进身的举动但心志躁动的人，是不能安心去践行常道的。

"《比》：吉，原筮，元、永、贞，无咎。"《程氏易传》曰：人相亲比^①，必有其道。苟非其道，则有悔咎。故必推原占决其可比者而比之^②，所比得"元、永、贞"，则无咎。"元"谓有君长之道，"永"谓可以常久，"贞"谓得正道。上之比下，必有此三者；下之从上，必求此三者，则无咎也。

① 亲比：即亲近依附。
② 占决：通过占卜推断事情。

【译文】

《比》卦卦辞说："比：吉，推究原占的结果，亲附的对象具备元、永、贞三德，这样就不会有祸殃。"程颐在《程氏易传》中说：人与人之间亲近比附，要有一定的原则。如果违背亲附的原则，就会招致悔恨和祸殃。因此务必推究占筮的结果，决定哪些人可以亲附，亲附的对象拥有元、永、贞这三德，就没有祸殃。"元"是说亲附的对象有君长的德行，"永"是说亲附能够长久持续下去，"贞"是说亲附符合正道。处于上位的人要使得下面的人亲附自己，自身一定要具备这三德；地位低下的人去比附上面的人，一定要选择具备这三德的人，这样才不会有祸殃。

不正而合，未有久而不离者也；合以正道，自无终睽之理。故贤者顺理而安行，智者知几而固守。

【译文】

不以正道相合，没有能长久而不离的；以正道相合，则最终都不会相离。因此贤能的人顺从事理而安行无事，拥有智慧的人事先知道事物变化的征兆而固守不惑。

君子当困穷之时，既尽其防虑之道而不得免，则命也。当推致其命以遂其志。知命之当然也，则穷塞祸患不以动其心，行吾义而已。苟不知命，则恐惧于险难，陨获于穷厄，所守亡矣，安能遂其为善之志乎？

【译文】

君子处于穷困窘迫之时,想尽办法去避免,仍然不能避免的话,那是命该如此。但君子于困境之中要推究天命以实现自己的志愿。知道天命如此,那么面对什么困难险阻与祸患都不会动摇其心志,只知道去践行自己应该遵循的道义而已。如果不能明了天命,面对艰难就会恐惧,面对困迫就会丧气,操守丧失了,又如何能够实现为善的志向呢?

寒士之妻,弱国之臣,各安其正而已。苟择势而从,则恶之大者,不容于世矣。

【译文】

贫寒之士的妻子,贫弱国家的大臣,各自安于自己应遵循的正道。如果选择有势的家庭或国家去侍奉,舍弃原来的国君或夫君,那罪恶就大了,不为世人所容了。

鼎之有实,乃人之有才业也,慎所趋向。不慎所往,则亦陷于非义,故曰:"鼎有实,慎所之也。"①

【注释】

① 鼎有实,慎所之也:《周易·鼎卦》九二爻《象》辞。

【译文】

鼎中盛放有实物,卦象是要告诉人们:拥有才业固然很重要,但自己的趋向要慎重决定。自己的趋向不慎重决定,就会陷入不合乎道义的地步,因此《鼎》卦九二的《象》辞是:"鼎中盛放有实物,慎重选择自己的去向。"

士之处高位,则有拯而无随;在下位,则有当拯,有当随,有拯之不得而后随。

【译文】

　　士身居高位，对下面的人所犯的过失，只有前往拯救而不可屈己追随；处于下位，上司有过失，有前往拯救的情况，有应该顺从其失的情况，有拯救不得而顺从其失的情况。

　　"君子思不出其位。"位者，所处之分也。万事各有其所，得其所则止而安。若当行而止，当速而久，或过或不及，皆出其位也，况逾分非据乎？

【译文】

　　"君子思不出其位。"位，意思是居所处的职务本分。各种事物都有属于自己的处所，得到属于自己的处所便能静止而安定。为人处世，当进取的时候却止步不前，该迅速的时候却迟缓，或太过分或太不足，都是超出各自应处位置的表现，何况超出本分而据守不属于自己的位置呢？

　　人之止难于久终，故节或移于晚，守或失于终，事或废于久，人之所同患也。《艮》之上九，敦厚于终，止道之至善也。故曰："敦艮，吉。"

【译文】

　　人的坚守最难做到的是长久地坚持到最后，所以有的人等到晚年才改变志节，有的人在最后的时候失去操守，事情有时在做了很长一段时间后又废弃了，这都是人们担心的情况。《艮》卦的上九爻，一直保持敦实谨厚到最终，达到最完善的止道境界。因此说："敦艮，吉"。

　　门人有居太学而欲归应乡举者，问其故，曰："蔡人鲜习《戴记》，决科之利也。"先生曰：汝之是心，已不可入于尧舜之道矣。夫子贡之高识，曷尝规规于货利哉？特于丰约之间，不能无留情耳。且贫富有命，彼乃留情于其间，多见其不信道也，故圣人谓之

"不受命"。有志于道者，要当去此心而后可语也。

【译文】

程颐的一个学生在太学修习课业却打算回乡应举，问他原因，他回答说："我的家乡上蔡的人很少有人研习《礼记》，这对我参加考试有利。"程颐说：你内心这么想，就已经不能领悟到尧舜之道了。像子贡那样高明的见识，何曾只汲汲于经商的利润呢？只不过他对待生活的贫困富有，无法做到不留心罢了。况且贫困富有自有上天的安排，他却留心于贫困与富有，可知他不相信圣贤之道啊，因此孔夫子批评他"不接受上天之命"。立志要学道的人，一定不能有这种想法，只有这样才能与他谈论圣贤之道。

孟子辨舜、跖之分，只在义利之间①。言"间"者，谓相去不甚远，所争毫末尔。义与利只是个公与私也，才出义便以利言也。只那计较便是为有利害，若无利害，何用计较？利害者，天下之常情也。人皆知趋利而避害，圣人则更不论利害，惟看义当为不当为，便是命在其中矣。

【注释】

① "孟子辨舜、跖之分，只在义利之间"：《孟子·尽心上》："鸡鸣而起，孳孳为善者，舜之徒也；鸡鸣而起，孳孳为利者，跖之徒也。欲知舜与跖之分，无他，利与善之间也。"

【译文】

孟子辨别舜帝和大盗跖的行为，只在义和利之间进行衡量。之所以提到"间"，就是说相差不远，所比较的只是毫末。义与利的关系就是公与利的关系，刚刚脱离了义就走向利了。只是平时的较量争论就是因为存在利害，如果利害不存在，哪里还需要计较呢？利害，是天下的一般情理。每个人都知道要趋利避害，圣人做什么事都不考察利害，只从义出发去决定哪些该做哪些不该做，如此的话天命也就体现在其中了。

大凡儒者未敢望深造于道①,且只得所存正,分别善恶,识廉耻,如此等人,多亦须渐好。

【注释】

① 儒者:研习儒家经典的人,泛指读书人。

【译文】

大体来说,对于一般的读书人,不要希望他们对圣贤之道能有多深的造诣,暂且只希望他们能居心端正,明辨善恶,懂得廉耻,这样的人,大多会慢慢好起来的。

赵景平问①:"子罕言利",所谓利者何利? 曰:不独财利之利,凡有利心,便不可。如做一事,须寻自家稳便处,皆利心也。圣人以义为利,义安处便为利。如释氏之学,皆本于利,故便不是。

【注释】

① 赵景平:程颐的门生。

【译文】

赵景平询问《论语》中有"孔子很少谈论利"这样一句,所谓利具体是指什么利呢? 程颐说:不单指财利之利,只要有利己之心,都不允许。比如做一件事,就考虑怎样才能对自己方便,这是利己之心的体现。圣人将义当作利,符合义的就是利。至如佛教的学说,立论都据于利,因此是不正确的。

问:邢七久从先生①,想都无知识,后来极狼狈。先生曰:谓之全无知识则不可,只是义理不胜利欲之心,便至如此也。

【注释】

① 邢七:即邢恕,郑州阳武人,跟随二程学习。中进士,后来结交蔡确、章惇、黄履三人陷害他人,人们称他们四人为四凶。

有人询问：邢恕跟随先生学习了很长一段时间，想来他对圣贤之道一点都没有明白，后来才弄得声名狼藉。程颐说：不能说他完全不明白圣贤之道，只是他义理无法战胜利欲之心，才落到这种境地。

谢湜自蜀之京师①，过洛而见程子，子曰：尔将何之？曰：将试教官。子弗答。湜曰：何如？子曰：吾尝买婢，欲试之，其母怒而弗许，曰："吾女非可试者也。"今尔求为人师而试之，必为此媪笑也。湜遂不行。

【注释】

① 谢湜：字持正，金堂（现在四川金堂）人。

【译文】

谢湜从蜀中来到京师，经过洛阳时去拜访程颐，程颐说：你打算去哪里？回答说：我要试一试当教官。程颐没有回答。谢湜问：你觉得怎么样呢？程颐说：我曾去购买婢妾，打算试用她，她母亲发怒了，没有答应，说道："我的女儿是不能试用的。"现在你想要做他人的老师却让人家试用，一定会被这位老妇耻笑。谢湜听了之后就不去了。

汉策贤良，犹是人举之①。如公孙弘者，犹强起之乃就对②。至如后世贤良，乃自求举尔。若果有曰："我心只望廷对，欲直言天下事。"则亦可尚矣。若志富贵，则得志便骄纵，失志便放旷与悲愁而已。

【注释】

① 是人举之：汉代选拔人才采用察举制，由官吏荐举，经过考核，而后皇帝亲策，因此说"是人举之"。

② 公孙弘：字季，一字次卿，西汉淄川国（郡治在寿光南纪台乡）薛人。公元前126年为御史大夫，两年后拜为丞相，封平津侯。他的"非学

无以广才,非志无以成学"的精神受后人推崇。

【译文】

汉代选拔贤良之士,还是采用举荐的方式,例如公孙弘,还是强行举荐他才前去对策的。至于后世贤良之士,却是自己要求被举荐。如果真有人如此说:"我希望能在朝堂上与皇帝对策,是要直言天下大事。"这样的做法倒也值得推崇。如果是为了荣华富贵,那么如愿之后就会骄傲放纵,不能如愿就会不拘礼俗或者悲伤哀愁罢了。

伊川先生曰:人多说某不教人习举业,某何尝不教人习举业也?人若不习举业而望及第,却是责天理而不修人事。但举业既可以及第即已,若更去上面尽力求必得之道,是惑也。

【译文】

程颐说:人们老是说不让人学习为应科举考试而准备的学业,我何曾不让人学习为应科举考试而准备的学业?人如果不学习为应科举考试而准备的学业而希望科举及第,那是他只要求天命而自己不想努力。但是为应科举考试而准备的学业能让你科举及第就了,如果进一步在上面想尽办法去研究怎样必能及第,那就是糊涂困惑了。

问:家贫亲老,应举求仕,不免有得失之累①,何修可以免此?伊川先生曰:此只是志不胜气②。若志胜,自无此累。家贫亲老,须用禄仕,然得之不得为有命。曰:在己固可,为亲奈何?曰:为己为亲,也只是一事。若不得,其如命何?孔子曰:"不知命,无以为君子。"人苟不知命,见患难必避,遇得丧必动,见利必趋,其何以为君子?

【注释】

① 得失之累:因为得失而劳累其心。

② 志不胜气:出自《孟子·公孙丑上》曰:"志壹则动气,气壹则动志。

今夫蹶者趋者,是气也而反动其心。"

【译文】

有人询问:家里贫困,父母年迈,想参加科举考试求得官职,难免担心不能中举,因此内心不安,修习什么才能避免这种劳累呢? 程颐说:这也只是心志战不胜血气的缘故。如果心志战胜,自然没有这种劳累。家里贫困、父母年迈,需要当官领取俸禄来侍养双亲,然而能否当官却要在于命。又问:就自己说做不做官当然都可以,考虑到父母要怎么办? 程颐说:为自己和为父母考虑,也只是同一回事。如果不能做官,那是天命使然,又能如何呢? 孔子说:"不懂得天命不能成为真正的君子。"人如果不懂得天命,遭遇祸患灾难一定逃避,碰见得失一定会动摇心志,看到利益就一定去追求,这样怎能成为君子呢?

或谓科举事业,夺人之功。是不然。且一月之中,十日为举业,余日足可为学。然人不志此,必志于彼。故科举之事,不患妨功,惟患夺志①。

【注释】

① 夺人之功:指浪费了人学道的时间。夺志:改变人的志向。《论语·子罕》曰:"三军可夺帅也,匹夫不可夺志也。"

【译文】

有人说为应科举考试而准备的学业,浪费了学道的时间,这是不正确的。就说一个月之中,十天用在为应科举考试而准备的学业上,剩下的其他日子都可以学道。但人的志向不在这里就在那里。因此科举这件事,不担心它会妨碍人们学道的时间,只担心它会改变人的志向。

横渠先生曰:世禄之荣,王者所以录有功,尊有德,爱之厚之,示恩遇之不穷也①。为人后者,所宜乐职劝功,以服勤事任,长廉远利,以似述世风②。而近代公卿子孙,方且下比布衣,工声病,售有司,不知求仕非义,而反羞循理为无能③。不知荫袭为荣,而反

以虚名为善继,诚何心哉! ④

【注释】

① 世禄:功臣显贵的家族世代沿袭而享有的禄仕。

② 乐职:即乐于职守。劝功:谓尽力建功立业。服勤:谓服持职事勤劳。事任:犹言承担职务。长廉远利:长久保持清廉而远避利欲。

③ "工声病,售有司":通过诗赋应试而被有司录用。

④ 荫袭:旧时因先辈有功,子孙受庇荫而承袭官爵。善继:《礼记·中庸》:"夫孝者,善继人之志,善述人之事者也。"

【译文】

张载说:朝廷世禄的荣遇,是帝王用来记取建立功业的人,尊崇德行显耀的人,眷爱并厚遇他们,延及他们的后代子孙,以表示对他们的恩遇无穷无尽。作为世家的后人,应该做的是乐于职守,努力建功立业,勤劳地服持职事,长久地保持清廉而远避利欲,这样来继承你家先辈传承的家风。然而现在的公卿子孙,却向布衣寒士学习,想通过研究诗赋技巧,以求得有司的录用,不明白出仕求官原本不符合道义,反而觉得安分循理袭职是无能的表现。不明白承袭官爵是一种荣遇,反而通过科举做官是继承先人的心志,这究竟是什么想法啊!

不资其力而利其有,则能忘人之势。

【译文】

不想借助他人的权力,又不想从他人的富有中捞到好处,这样就能不看重他人的权势。

人多言安于贫贱,其实只是计穷力屈才短,不能营画耳。若稍动得,恐未肯安之。须是诚知义理之乐于利欲也,乃能。

人们常常说自己能安然地对待贫贱,其实只是由于他没有办法才能不够,不能去经营谋划罢了。如果多少有所活动,恐怕是他未能做到心安。一定要是真正明白义理之乐胜过私利的,才能安然地对待贫贱。

天下事大患只是畏人非笑,不养车马,食粗,衣恶,居贫,皆恐人非笑。不知当生则生,当死则死,今日万钟^①,明日弃之,今日富贵,明日饥饿,亦不恤,惟义所在。

【注释】

① 万钟:指俸禄优厚,形容很富有。

【译文】

天下的事情最忌讳的就是害怕别人嘲笑,如果不具备车马,饭菜粗劣,服饰不美,住处寒酸,这些都害怕被人嘲笑。而不明白应该生就生,应该死就死,今天家中财产极多,明天弃之一空,今天荣华富贵,明天受冷挨饿,应当在所不惜,只遵循义去做事。

卷八　治体

濂溪先生曰：治天下有本，身之谓也；治天下有则，家之谓也。本必端。端本，诚心而已矣；则必善，善则，和亲而已矣。家难而天下易，家亲而天下疏也。家人离，必起自妇人，故《睽》次《家人》，以"二女同居而志不同行"也①。尧所以釐降二女于妫汭②，舜可禅乎？吾兹试矣。是治天下观于家，治家观身而已矣。身端，心诚之谓也；诚心，复其不善之动而已矣。不善之动，妄也；妄复，则无妄矣；无妄，则诚矣。故《无妄》次《复》，而曰："先王以茂对时，育万物③。"深哉！

【注释】

① 二女同居而志不同行：出自《易经·睽·象》："睽，火动而上，泽动而下；二女同居，其志不同行；说而丽乎明，柔进而上行，得中而应乎刚；是以小事吉。天天睽，而其事也；男女睽，而其志通也；万物睽，而其事类也；睽之时用大矣哉！"《睽》卦下兑上离，兑象征少女，离象征中女，同在一卦，故有乖离之象。

② 釐降：即下嫁。《尚书·尧典》曰："女于时，观厥刑于二女。釐降二女于妫汭，嫔于虞。"二女：指娥皇、女英。传说为尧的女儿，二女同嫁给舜。妫：一作"沩"，古水名，在今山西永济南。汭：妫水之北，舜所居住的地方。

③《周易》的《复》卦之后是《无妄》卦。《序卦》曰："复则不妄矣，故受之以《无妄》。"所引是《无妄》一卦的《象》辞。复：此处解释为消除。

【译文】

周敦颐说：治理国家有其根本，那就是治理国家的君主的自身；治理国家有其楷模，那就是治理国家的人的家庭。根本务必要端正。要做到端正,让心真诚而已;楷模一定要善,达到善的方法就是使亲人和睦。治理家庭困难,治理国家容易,这是家人情深而公义难以战胜私情,国家私情疏而公义容易战胜私情。家人之间不和睦一定是由妇人引起,因此《周易》中《睽》卦排列在《家人》卦之后,《家人》卦的《象》辞说:"二女同居,其志不同行。"尧帝把两个女儿下嫁给舜,是想通过两个女儿去试试舜,看是不是能将天下禅让给他呢? 看一个人能够治理国家就要观察他的治家之道,看一个人是否能治家就观察他本人如何修身就够了。自身端正,说明他心诚;让心真诚,就是消除不善之念,返回本善之心而已。不善之念躁动,说明此人虚妄;消除虚妄不善之念,那么就无妄了;无妄,说明此人真诚。所以《周易》中《无妄》卦排列在《复》卦之后,《无妄》卦的《象》辞说:"上古贤明君王用自身的盛德来配对上天,根据时令变化发育万物。"道理很深刻呀!

伊川先生曰:当世之务,所尤先者有三:一曰立志,二曰责任,三曰求贤。今虽纳嘉谋①,陈善算②,非君志先立,其能听而用之乎? 君欲用之,非责任宰辅,其孰承而行之乎? 君相协心,非贤者任职,其能施于天下乎? 此三者本也,制于事者用也。三者之中,复以立志为本。所谓立志者,至诚一心,以道自任,以圣人之训为可必信,先王之治为可必行,不狃滞于近规③,不迁惑于众口,必期致天下如三代之世也④。

【注释】

① 嘉谋:治理国家的高明谋略。

② 善算:良好的计划。

③ 狃滞:拘泥、局限。

④ 三代之世:夏、商、周三代。

【译文】

程颐说:当世的要务,特别应该先做到的有三件事:第一是立志,第二是责任,第三是求贤。现在就算有人献出治理国家的高明谋略,陈述良好的计划，君主如果不先立志的话，他难道能够听从并采用吗？君主打算采用，没有让宰辅大臣担当起职责，那么由谁来接受并付诸实施呢？君主和宰相同心合力，下面若没有贤能的人去任职，那么能够在天下推广开来吗？这三件事是治理国家根本、处理具体事情的应用之法。在这三件事当中，又将立志作为根本。所谓立志，就是极真诚并一心一意，将践行圣贤之道作为自己的重任，将圣人的训告当作应当相信的东西，认为先王治理国家的方法是有可行性的，不受近世规则习俗束缚和影响，不受众人纷纭言论的迷惑，而坚定地要把天下治理得像上古三代一样清明。

古之时，公卿大夫而下，位各称其德，终身居之，得其分也；位未称德，则君举而进之。士修其学，学至而君求之。皆非有预于己也。农工商贾，勤其事而所享有限。故皆有定志，而天下之心可一。后世自庶士至于公卿，日志于尊荣；农工商贾，日志于富侈。亿兆之心，交骛于利，天下纷然，如之何其可一也？欲其不乱，难矣！

【译文】

古代时，公卿大夫以下，各个职位都与其德行相配称，一生担任这个职位，能尽其应有的职分；有职位低下不能与其高尚的德行相配称的，君主就会提拔他让他担任更高的职位。士人努力研修学业，学有所成君主就会访求他并让他做官。这些都与个人没有多大关系。农工商人等各行各业的人，勤勉地做自身应做的事务，享受各人应得的。因此每个人都能确定心志，而天下的民心就能够统一。后世从官府小吏直至公卿大臣，每天想追求的都是尊荣；农工商人等各行各业的人，每天渴望的都是富贵奢华。庶民百姓的心全都一同追逐利欲，天下纷纷扰扰，如何才能统一呢？想要天下不乱，是多么困难呀！

《泰》之九二曰："包荒，用冯河。"① 《程氏易传》曰：人情安肆

②,则政舒缓,而法度废弛,庶事无节③。治之之道,必有包含荒秽之量,则其施为,宽裕详密,弊革事理,而人安之。若无含弘之度,有忿疾之心;则无深远之虑,有暴扰之患。深弊未去,而近患已生矣。故在包荒也。自古泰治之世,必渐至于衰替,盖由狃习安逸,因循而然。自非刚断之君,英烈之辅,不能挺特奋发以革其弊也,故曰:"用冯河。"或疑上云包荒,则是包含宽容,此云"用冯河",则是奋发改革,似相反也。不知以含容之量,施刚果之用,乃圣贤之为也。

【注释】

① 包荒:包含荒芜,谓度量宽大。用冯河:徒步涉水渡河,引申为刚强有勇、冒险行动。程颐认为要革除深弊,除了要有包容之量,还要有冯河之气。

② 安肆:安逸放纵。

③ 庶事:即庶务,泛指各种事务。无节:不遵循法度,不加节制。

【译文】

《泰》卦九二爻的爻辞是:"包荒,用凭河。"程颐在《程氏易传》中解释说:太平的年代,人情容易安逸放纵,政令也就懈怠宽松,法令制度废弛,各种政务也都不循法度,没有节制。治理国家的办法,应该要有包容一切不善现象的气量,在实施政务的时候才能做到既宽容大度又详细周密,将弊病革除,政事治理得条理有序,百姓也感到内心很安定。如果没有包容博厚的气度,就会有愤怒憎恶之心;没有深远的谋虑,就会有暴躁昏乱之病。这样的话,原本久积的弊端未能革去,而眼前的祸患已经出现。因此安定民心而草除弊病,关键要有包容之量。自古以来,太平安定之世定会慢慢走向衰退,这是因为人们在太平安定的环境中习惯了安闲舒适,因循不思进取而导致的。如果不是刚毅决断的君主,刚烈勇猛的辅臣,不能做到超群特出奋发起来去革除弊病,因此说要"用凭河"。有人怀疑上文提到"包荒",意思是要包含宽容,此处又提及"用凭河",意思是要奋发起来变革更新,前后似乎相矛盾。而不懂得凭借含容的气量,来推行实施刚果的措施,这才是圣贤的做法。

"观,盥而不荐,有孚颙若"①。《程氏易传》曰:君子居上,为天下之表仪②,必极其庄敬。如始盥之初,勿使诚心少散。如既荐之后,则天下莫不尽孚诚,颙然瞻仰之矣。

【注释】

① "观,盥而不荐,有孚颙若":《周易·观卦》的卦辞。观,此处引申为使人仰慕。盥,祭祀前以手盛水冲洗。荐,祭祀时奉献祭品。有孚,为人信仰。颙若,恭敬仰慕的样子。意思是说祭祀前以手盛水冲洗,人显得诚心严肃,做其他事也能保持这种精神状态,就能为人所仰慕。

② 表仪:表率,楷模。

【译文】

《周易·观卦》的卦辞说:"观,盥而不荐,有孚颙若。"程颐在《程氏易传》中解释说:"君子居于高位,是天下人的表率楷模,一定要让自己表现得更加庄严恭敬。"程颐说:要像祭祀前洗手那样,不使敬诚的心意有稍微地消散。又要像进献祭品之后,天下人无不极尽他们的信诚之心,非常尊敬地仰望你。

凡天下至于一国一家,至于万事,所以不和合者,皆由有间也。无间则合矣。以至天地之生,万物之成,皆合而后能遂。凡未合者,皆为有间也。若君臣、父子、亲戚、朋友之间,有离贰怨隙者,盖谗邪间于其间也。去其间隔而合之,则无不合且洽矣。《噬嗑》者,治天下之大用也。

【译文】

大凡整个天下,乃至一国或一家,以至各种事情,之所以有不能和睦同心的,都是因为之间出现隔阂。没有了隔阂彼此就能和合。大到天地,小到万物,都是因为彼此相合之后才得以生成。凡是无法相合的都是有隔阂的缘故。就像君臣、父子、亲戚、朋友之间，关系出现有异心、有仇怨的，是因为谗佞奸邪的人在中间挑拨离间。消除了彼此的间隔而互相和合，则没有不能和合融洽了。《噬嗑》卦阐述的道理，是治理天下最有用的准则。

《大畜》之六五曰："豮豕之牙①，吉。"《程氏易传》曰：物有总摄②，事有机会③。圣人操得其要，则视亿兆之心犹一心，道之斯行，止之则戢，故不劳而治，其用若"豮豕之牙"也。豕，刚躁之物。若强制其牙，则用力劳而不能止。若豮去其势，则牙虽存而刚躁自止。君子法豮豕之义，知天下之恶不可以力制也，则察其机，持其要，塞绝其本原，故不假刑法严峻，则恶自止也。且如止盗，民有欲心，见利则动。苟不知教，而迫于饥寒，虽刑杀日施，其能胜亿兆利欲之心乎？圣人则知所以止之之道，不尚威刑，而修政教，使之有农桑之业，知廉耻之道，虽赏之不窃也。

【注释】

① 豮(fén)豕：阉割过的猪。豮，泛指阉割。

② 总摄：以一总多的关键处。

③ 机会：关键，要害。

【译文】

《大畜》卦六五爻的爻辞说："豮豕之牙，吉。"程颐在《程氏易传》中解释说：万物都有一个关键处，事情都有一个要害处。圣人掌握了事物的关键之处，那么他看待亿万人的心就如同看透一个人的心一样，引导他人，他人就向前走，阻止他人，他人就停息，因此天下不费功夫而大治，这样的做法就是"豮豕之牙"的道理啊。猪，是刚强而暴躁的动物。若要强行制服它锐利的牙，那么费尽力气都无法制止住。如果将它的生殖器割掉，即使它的牙齿还在，但它的刚躁之性自然会平静下来。君子效法阉割猪的做法，明白天下的暴恶不能通过暴力来制止，于是考察其关键之处，掌握其要害之处，塞绝其源头，因此不借助严厉的刑法，而暴恶之事自然止息。比如想要消除盗窃之事,百姓都怀有私欲之心,看见有利可图而盗窃之心萌动。如果不明白义理,又饱受饥寒,尽管官府每天采取刑罚诛杀等措施,就能够抵抗住亿万百姓的利欲之心吗? 圣人则懂得如何阻止,不重用严厉的刑法,而是修整政治与教化,使每个人都有农桑之业,又都懂得廉洁知耻,就算奖励他去盗窃他也不愿意去。

"《解》,利西南,无所往,其来复吉,有攸往,夙吉。"《程氏易传》曰: 西南,坤方,坤之体广大平易。当天下之难方解,人始离艰苦,不可复以烦苛严急治之,当济以宽大简易,乃其宜也。既解其难而安平无事矣,是"无所往"也,则当修复治道,正纪纲,明法度,进复先代明王之治,是"来复"也,谓反正理也。自古圣王救难定乱,其始未暇遽为也,既安定,则为可久可继之治。自汉以下,乱既除,则不复有为,姑随时维持而已,故不能成善治,盖不知"来复"之义也。"有攸往,夙吉",谓尚有当解之事,则早为之乃吉也。当解而未尽者,不早去,则将复盛。事之复生者,不早为,则将渐大。故"夙则吉"也。

【译文】

《周易·解卦》的卦辞是:"解:利西南,无所往,其来复吉,有攸往,夙吉。"程颐在《程氏易传》中解释说:西南属于坤位,坤体广大平易。当天下战乱等险难刚刚解除的时候,人们刚脱离艰苦,不能再用严厉的政令严加治理,应通过宽大简易的政令来调节,这才是合宜的做法。险难解除了就安定太平无事了,这说的就是"无所往",之后还要修复治国的正道,修正纲常,明确法度,恢复前代贤明君王的清明政治,这说的就是"来复",也就是要恢复正理呀。自古以来,圣明的君王拯救险难平定祸乱,一开始来不及去做这恢复治国之道的工作,等到天下太平安定就可以去实施长久延续的治理了。汉朝以来,祸乱消除之后,就再没有去努力作为,只是顺应时势维持而已,因此无法成就清明的政治,是由于不明白"来复"的道理呀。"有攸往,夙吉",意思是还存在应当消除的事情,那么尽早消除才吉利。应当解除而没有完全解除,不尽早除去,就会再度强盛起来。问题重新出现,没有尽早解决,就会渐渐发展成大问题。因此说"夙则吉"。

夫有物必有则,父止于慈,子止于孝,君止于仁,臣止于敬。万物庶事,莫不各有其所。得其所则安,失其所则悖。圣人所以能使天下顺治,非能为物作则也,惟止之各于其所而已。

【译文】
有一物就一定有一物应该遵循的法则,身为父亲就要做到慈,身为儿子就要做到孝,身为人君就要做到仁,身为臣下就要做到敬。万事万物,莫不各自有其应该安止的地方。事物在其应该安止的地方就安定,不在其应该安止的地方就悖乱。圣人之所以能够使天下顺从而大治,并非能够为事物确立法则,只不过是让事物各自安止在其应该安止的地方罢了。

《兑》,说而能贞,是以上顺天理,下应人心,说道之至正至善者也。若夫"违道以干百姓之誉"者,苟说之道,违道不顺天,干誉非应人,苟取一时之说耳,非君子之正道。君子之道,其说于民如天地之施,感之于心而说服无斁①。

【注释】
① 无斁:没有厌倦。《诗经·周南·葛覃》曰:"为絺为绤,服之无斁。"毛传曰:"斁,厌也。"

【译文】
《兑》卦,能通过正道取悦他人,这是上顺应天理,下顺应人心,是取悦他人的至正至善的方法。至于那些违背正道以博得百姓赞誉的人,那是苟且取悦的方法,它违背正道而没有顺应上天,它只求博得赞誉而没有顺应人心,只不过苟且取悦他人一时罢了,这并非君子取悦他人的正确做法。君子取悦天下百姓，就像天地施给万物恩惠一样，让他们内心感动因而喜悦地信服并不会厌弃。

天下之事，不进则退，无一定之理。济之终，不进而止矣，无常止也，衰乱至矣。盖其道已穷极也。圣人至此奈何？曰：唯圣人为能通其变于未穷，不使至于极也，尧、舜是也，故有终而无乱。

【译文】

天下的事情，不进的话就会退，没有定止在一个地方的道理。《既济》卦的最后一爻不能再前进，于是就停止了，但不会永久停止，停止一定时间后衰乱就会紧接到来。这是因为治理天下之道已经到了尽头。圣人到了这个地步又能怎么做呢？回答是：只有圣人在还没达到穷极的时候能够通达其变化，不使其发展到穷极的地步，尧、舜两大帝王就是这样，因此他们治理天下能够做到有终治而无衰乱。

为民立君，所以养之也；养民之道，在爱其力。民力足，则生养遂；生养遂，则教化行而风俗美。故为政以民力为重也。《春秋》凡用民力必书。其所兴作，不时害义，固为罪也。虽时且义必书，见劳民力为重事也。后之人君知此义，则知慎重于用民力矣。然有用民力之大而不书者，为教之意深矣。僖公修泮宫，复閟宫，非不用民力也，然而不书。二者复古兴废之大事，为国之先务，如是而用民力，乃所当用也。人君知此义，知为政之先后轻重矣。

【译文】

为百姓确立君王，目的是要他养育人民。养育人民的办法，关键要爱惜民力。民力充足的话，人民才能得以生息养育；得以生息养育，就能使政教风化流行而民风民俗善美。因此为政治国要把爱惜民力当作重大的事情。《春秋》这部书中凡是有动用民力就记载下来。其所兴造制作的事项，违背农时而损害正义，当然是罪恶。即使是顺合时宜遵循正义的也一定记载下来,以表明劳损民力是重大的事情啊。后世的君王明白《春秋》这样记载的道理,也就懂得在对待使用民力上要慎重。然而《春秋》中也有大用民力却没记载的情况,其所要教育后人的道理是深刻的。比如僖公修筑泮宫、复阘宫,并不是没有动用民力,然而没有记载下来。因为这两个工程是恢复古制兴复旧迹的大事,是国事的首要事务,为了这样的目的而动用民力,是确实应该使用的。君王明白这一道理,就懂得处理政事时应该如何衡量先后轻重了。

治身齐家以至平天下者,治之道也;建立治纲,分正百职,顺天时以制事,至于创制立度尽天下之事者,治之法也。圣人治天下之道,唯此二端而已。

【译文】

修身治家以至于平定天下,这是治理国家的正道;建立治理国家的纲纪,划分并确定各种职位和事务,顺应天时以处理政治、军事等重大事件,以至于创立制度让天下的事情都有法可循,这是治理国家的具体方法。圣人治理天下的方法,只是从这两个方面去努力而已。

明道先生曰:先王之世以道治天下,后世只是以法把持天下。

【译文】

程颢说:圣明君王的时代是用仁义来治理天下,后世只是通过制定法令来统治天下。

治道亦有从本而言,亦有从事而言。从本而言,惟是格君心之非,正心以正朝廷,正朝廷以正百官。若从事而言,不救则已,若须救之,必须变。大变则大益,小变则小益。

程颐说：治理国家的方法也有从根本上论述的，也有从具体行事上论述的。从根本上论述，治理国家只是纠正君心的过失之处，君心端正了就能端正朝廷，端正朝廷了就能端正文武百官。从具体行事上论述，不拯救时政之偏则已，若要拯救时政之偏，必须要通过变革。大规模的变革收益就大，小规模的变革收益就小。

唐有天下，虽号治平，然亦有夷狄之风。三纲不正^①，无君臣、父子、夫妇，其原始于太宗也。故其后世子弟皆不可使，君不君，臣不臣，故藩镇不宾^②，权臣跋扈，陵夷有五代之乱^③。汉之治过于唐。汉大纲正，唐万目举。本朝大纲正，万目亦未尽举。

【注释】

① 三纲：出自《白虎通·三纲六纪》："三纲者，何也？君臣、父子、夫妇也。"

② 宾：服从，归顺。

③ 陵夷：由盛到衰。《汉书·成帝纪》曰："帝王之道日以陵夷。"

【译文】

唐朝拥有天下，虽然号称政治清明社会安定，但却仍有夷狄的风俗。三纲不端正，没有君臣、父子、夫妇之义，其根源要推究到唐太宗身上。因此唐的子孙后代，都不能委以重任，君没有君的样子，臣没有臣的样子，所以藩镇不归顺服从，掌权而专横的大臣骄横强暴，朝政颓败以至于酿成五代时的昏乱局面。汉代的政治胜过唐代。汉代的治国大纲端正，唐朝的各种礼乐政刑制度得以确立。到了宋朝，治国大纲端正，礼乐政刑制度也未能全面确立。

教人者，养其善心而恶自消；治民者，导之敬让而争自息。

【译文】

　　教育他人的人，要培养他的本善之心，那么恶自然就得以消除；治理百姓的人，要引导他们相敬相让，那么争斗自然会平息。

　　明道先生曰：必有《关雎》《麟趾》之意①，然后可行《周官》之法度②。

【注释】

　　①《关雎》《麟趾》：《诗经·周南》中的两篇，《诗序》曰："《关雎》，后妃之德也。《风》之始也，所以风天下而正夫妇也。"《麟之趾》曰："麟之趾，振振公子。"

　　②《周官》：即《周礼》，论述周朝的王朝礼仪制度。法度，即礼仪制度。

【译文】

　　程颢说：一定要具备《关雎》《麟趾》这两首诗中所表现出的德化之意，然后才能实行《周礼》一书中所记载的关于六官的礼仪制度。

　　"君仁莫不仁，君义莫不义。"①天下之治乱，系乎人君仁不仁耳。离是而非则生于其心，必害于其政，岂待乎作之于外哉！昔者孟子三见齐王而不言事，门人疑之，孟子曰："我先攻其邪心。"②心既正，然后天下之事可从而理也。夫政事之失，用人之非，知者能更之，直者能谏之。然非心存焉，则一事之失，救而正之，后之失者，将不胜救矣。格其非心③，使无不正，非大人其孰能之？

【注释】

　　①"君仁莫不仁，君义莫不义"：出自《孟子·离娄上》："惟大人为能格君心之非。君仁莫不仁，君义莫不义，君正莫不正。一正君而国定矣。"

　　②我先攻其邪心：出自《荀子·大略篇》："孟子三见宣王不言事，门人曰：'曷为三遇齐王而不言事？'孟子曰：'我先攻其邪心'。"

③ 非心：邪心。

【译文】

"君主践行仁的话就没人不能做到仁，君主践行义的话就没人不能做到义。"天下的安定与动乱，要看君主是仁还是不仁。一离开是，心中就会产生非，非心一生起就一定会危害政事，哪里还要等到非心发展为外在的行为呢？过去孟子三次觐见齐宣王却没有谈论正事，弟子非常疑惑，孟子说："我是首先瓦解他的邪心。"君主的心端正了，然后天下的事情也就得以治理了。政务的过失，任用人的错误，明白道理的人能加以更正，正直的人能够劝谏阻止；但如果君主有邪心，那么一件事的过失，尚且能够挽救纠正，后边出现的过失，就拯救不及。纠正君主的邪心，使君主的心端正，除了圣人谁能够做到呢？

横渠先生曰：道千乘之国，不及礼乐刑政，而云"节用而爱人，使民以时"①。言能如是则法行，不能如是则法不徒行。礼乐刑政，亦制数而已②。

【注释】

① "节用而爱人，使民以时"：出自《论语·学而》："子曰：道千乘之国，敬事而信，节用而爱人，使民以时。"道：治理。

② 制数：此处指刑法、法制。

【译文】

张载说：孔子谈论治理有兵车千辆国家的时候，没有谈到礼乐制度刑法政令，而是说"节省费用，爱护百姓，使用民力要符合农时"。意思是说能够这样做法令就得以推行，不这样做则仅仅有法令不能得以推行。不能运用实行的礼乐制度刑法政令，那只不过是法律条文而已。

法立而能守，则德可久，业可大。郑声佞人①，能使为邦者丧其所守，故放、远之。

① 郑声佞人:《论语·卫灵公》:"放郑声,远佞人。郑声淫,佞人殆。"郑声:淫靡不雅的音乐。佞人:巧言令色、工于谄媚的人。

【译文】

设立了法令并能严守,那么德行就得以长久保持,事业就能发展壮大。淫靡不雅的郑国音乐,巧言令色、工于谄媚的小人,能使治理国家的人丧失他的操守,因此要抛弃并远离这种音乐和小人。

横渠先生《答范巽之书》曰 ①:朝廷以道学、政术为二事,此正自古之可忧者。巽之谓孔孟可作,将推其所得而施诸天下邪?将以其所不为而强施之于天下欤?大都君相以父母天下为王道,不能推父母之心于百姓,谓之王道可乎?所谓父母之心,非徒见于言,必须视四海之民如己之子。设使四海之内皆为己之子,则讲治之术,必不为秦汉之少恩,必不为五伯之假名 ②。巽之为朝廷言,"人不足与适,政不足与间" ③,能使吾君爱天下之人如赤子,则治德必日新,人之进者必良士,帝王之道,不必改途而成。学与政不殊心而得矣。

【注释】

① 范巽之:范育,字巽之,张载的弟子。

② 五伯:春秋时的五位霸主。

③ "人不足与适,政不足与间":《孟子·离娄上》:"孟子曰:人不足与适也,政不足间也,惟大人为能格君心之非。"适:同"谪",指责。间:责备、非议。

【译文】

张载《答范巽之书》说:朝廷认为道学和政术是两回事,这正是从古以来令人忧虑之事。假设孔子和孟子能够复活,他们是把自己的学术在天下推行开来呢,还是把他们未曾研究的道学以外的东西在天下勉强推行呢?君主和宰相总认为对待天下的百姓就像对待父母一样就是王道,不能把对待父母的心推广到百姓身上，那可以叫作王道吗？所说的父母之心，不仅停留在口头上，必须将四海之内的百姓看作自己的孩子。假设四海之内的百姓都是自己的孩子，那么，他所讲求的治国之道，一定不像秦朝和汉朝的政治那样缺少恩德，一定不像春秋时的五霸那样打着仁义的旗号践行霸道。你若真的为朝廷谋虑，既不必指责朝廷在人才任用上不当，也不必去非议他们管理国家事务的失误，能够让君主爱护天下的百姓如同爱护赤子一般，那么在道德的修养上一定每天都有进步，举荐的人一定是贤士，五帝三王的治国之道，不必改辙易途就能够有所成就。道学与政术只同一用心就能得到，也就是说懂得道学就相当于懂得政术。

卷九 制度

濂溪先生曰：古圣王制礼法，修教化，三纲正，九畴叙^①，百姓太和，万物咸若^②，乃作乐以宣八风之气^③，以平天下之情。故乐声淡而不伤^④，和而不流^⑤，入其耳，感其心，莫不淡且和焉。淡则欲心平，和则躁心释。优柔平中，德之盛也；天下化中，治之至也；是谓道配天地，古之极也。后世礼法不修，政刑苛紊，纵欲败度，下民困苦。谓古乐不足听也，代变新声，妖淫愁怨，导欲增悲，不能自止。故有贼君弃父，轻生败伦，不可禁者矣。呜呼！乐者古以平心，今以助欲；古以宣化，今以长怨。不复古礼，不变今乐，而欲致治者，远哉！

【注释】

①九畴：《尚书·洪范》："天乃赐禹洪范九畴，彝伦攸叙。"本指传说中天帝赐给禹治理天下的九类大法，此处以九畴代替彝伦，即伦常。

②咸若：后世以"咸若"称颂帝王之教化，谓万物皆能顺其性，应其时，得其宜。

③八风：来自八方的风。

④淡而不伤：《论语·八佾》："乐而不淫，哀而不伤。"

⑤和而不流：出自《礼记·中庸》，和顺而没有失去节度。

【译文】

周敦颐说：古代圣明的帝王制定礼仪法度，修明政教风化，三纲端正，伦理关系尊卑长幼有序，百姓和睦相处，万物全都得其时宜，于是制作礼乐来宣扬八方之气，来平定天下人的性情。因此礼乐听起来轻淡而不至于哀伤，柔和而不至于没有节度，进入耳朵中，感发人的心，人的心莫不变得淡泊而柔和。心淡泊了则欲望的念头就平静，心柔和了则躁动的念头就消释了。优容柔顺平和中正，这是德行盛大的表现；天下化于中正，政治清明、社会安定就达到顶点了；这就称作道与天地相配，是古代追求的治国最高境界了。后世没有修治礼仪法度，政令和刑罚苛烦而混乱，上面的官员放纵私欲败坏法度，使得老百姓生活困苦。他们说古代的音乐不值得聆听，每一代都变换新声，而这新声淫靡放荡忧愁怨恨，触发人的情欲，增加人的悲怨，使人到达无法自控的地步。因此就出现了残害君主抛弃生父，轻视生命败坏伦常等无法禁止的情形。唉！音乐这东西古人是用来使人的心情平和的，现在的人却用来助长人的欲望；古人用来传布君命、教化百姓，现在的人用来助长愁怨。不恢复古时的礼制，不改变现在的音乐，而想要使得政治清明、社会安定，那路途还很远！

明道先生言于朝曰：治天下以正风俗、得贤才为本。宜先礼命近侍贤儒及百执事，悉心推访，有德业充备，足为师表者，其次有笃志好学，材良行修者，延聘、敦遣，萃于京师，俾朝夕相与讲明正学。其道必本于人伦，明乎物理。其教自小学洒扫应对以往，修其孝悌忠信，周旋礼乐，其所以诱掖激厉渐摩成就之道，皆有节序，其要在于择善修身，至于化成天下，自乡人而可至于圣人之道。其学行皆中于是者为成德。取材识明达，可进于善者，使日受其业。择其学明德尊者，为太学之师，次以分教天下之学。择士入学，县升之州，州宾兴于太学，太学聚而教之，岁论其贤者能者于朝。凡选士之法，皆以性行端洁，居家孝悌，有廉耻礼逊，通明学业，晓达治道者。

【译文】

程颢在朝廷说：治理天下要把扶正风俗、求得贤才作为根本。怎样才能求得贤才呢？应先礼聘并任命身边的侍从之人、贤明的儒者及执事百官，要尽心去查访，有德行与功业充分完备，能够胜任为人师表的；其次有立志好学、才能与品行都优秀的，朝廷要聘请他们，州县要恭敬地遣送他们，把他们集合到京师，让他们早晚在一起讲解发明合乎正道的学

卷九　制度

说。他们的学问一定是以人伦为根本,明了事物的道理与规律。他们教育弟子从小学的洒扫应对开始,修明孝悌忠信之义,待人接物中的礼乐等,其用以引导、激励、感化、砥砺后学直到其德业有所成就的方法,都有顺序可循,其关键在于教育弟子择善而从修身养性,推而广之至于成功地教化天下人,这样的话从一个平凡之人最终都能学到圣人之道。其中那些学业品行都达到以上要求的就叫作成就品德。选择那些才能见识明达,可以学得善道的人,让他们天天在这里从师学习。而选择那些学问大明、德行可尊的人担任太学的老师,学问德行较差的人,让他们到天下的各级学校去任教。选择优秀的士人入学读书,先从县学升到州学,州学再升到太学,太学将这些人集合起来进行教育,每一年都在朝廷上议论在太学读书的人谁比较贤能。大凡选举士人,都要选取本性与行为端洁,在家能孝顺父母敬爱兄长,有廉洁知耻懂得礼让,通晓明了学业,明白治国方法的人。

"萃,王假有庙。"① 《程氏易传》曰:群生至众也,而可一其归仰;人心莫知其乡也,而能致其诚敬;鬼神之不可度也,而能致其来格②。天下萃合人心、总摄众志之道非一,其至大莫过于宗庙,故王者萃天下之道至于有庙,则萃之道至也。祭祀之报,本于人心,圣人制礼以成其德耳。故豺獭能祭,其性然也。

【注释】

① "萃,王假有庙":《周易·萃卦》的卦辞。萃,意思是聚集。假:来到。王假有庙:意思是王来到宗庙进行祭祀。通过宗庙祭祀能够统一信仰、统一思想。

② 来格:来到。格,至。

【译文】

《周易·萃卦》卦辞是:"萃,君王来到宗庙进行祭祀。"程颐在《程氏易传》中解释说:天下的民众是极多的,通过祭祀能使他们的信仰得以统一;人心飘忽不知其去向,而祭祀却能使人心变得真诚恭敬;鬼神是难以测度的,祭祀的时候却能让他们前来。天下收拢人心、统一众志的方法很多,其中最重要的莫过于宗庙的祭祀,因此帝王收拢人心而到宗庙祭祀就能达到极致。祭祀中受恩思报、不忘祖先的思想,来源于人的内心深处,圣人制定祭祀的礼仪来成就人们这种受恩思报、不忘祖先的大德。因此豸、水獭这些动物都能祭祀,是它们的本性使它们变成这样。

古者戍役,再期而还。今年春暮行,明年夏代者至,复留备秋,至过十一月而归。又明年仲春遣次戍者。每秋与冬初,两番戍者皆在疆圉,乃今之防秋也 [1]。

【注释】

① 两番:两批轮流更替。疆圉:边境,边界。

【译文】

古代在边境戍守服兵役的人,两年之后就能返回。比如今年三月出发,明年夏季前往代替的人到了,这时被替换的没有马上返回,而是留下来守备多事之秋,等到过了十一月才返回。等到明年二月遣送下一批戍守边境的人。每年秋天与冬初的时候,两批戍边的人都被安排在边疆,这就是现在所说的防秋。

圣人无一事不顺天时,故至日闭关。

【译文】

圣人做什么事都顺应天时,因此到冬至这一天就关起门来不外出。

韩信多多益办,只是分数明。

【译文】

韩信带领的士兵越多越容易治理,只是因为每人的职分与限数非常明确。

伊川先生曰：管辖人亦须有法，徒严不济事。今帅千人，能使千人依时及节得饭吃，只如此者亦能有几人？尝谓军中夜惊，亚夫坚卧不起。不起善矣，然犹夜惊何也？亦是未尽善。

【译文】

程颐说：管理统辖众人也要有一定的法度，只靠严厉的禁令也于事无助。现在统率千人之众，要让这一千人都能按时吃上饭，能够做到这样的又有几人？我尝说过，周亚夫擅长带兵打仗，军中半夜受惊，他装作没事躺着不起来。于慌乱中能镇定不起当然是好事，然而为什么会夜中受惊扰呢？是他在统领军队方面不能做到尽善的缘故。

管摄天下人心，收宗族，厚风俗，使人不忘本，须是明谱系，收世族，立宗子法。

【译文】

要管辖统摄天下众人之心，让宗族之间团结有序，使风俗淳厚质朴，使人不忘记根本，就应明确各自的家谱系统，让世代族氏之人团结相亲，确立宗子之法。

宗子法坏①，则人不自知来处，以至流转四方，往往亲未绝不相识。今且试以一二巨公之家行之，其术要得拘守得，须是且如唐时立庙院②，仍不得分割了祖业，使一人主之。

【注释】

① 宗子法：也就是宗法，是指根据血缘关系、嫡庶情况来调整家族关系的制度。

② 庙院：家庙斋院。

【译文】

宗法制度废坏，那么人们就不知道自身来于何支何派，以至于人们辗转四方,常常是亲缘还没有断,彼此已经不相识。现在应先在一两个显贵人家中推行宗法制度,推行这一制度的关键在于能够拘束并坚守得住,还要像唐代一样建立家庙斋院,并且不能将祖业进行分割,从族人中推举一个人来主管这份产业。

卜其宅兆^①,卜其地之美恶也。地美则神灵安,其子孙盛。然则曷谓之地美者?土色之光润,草木之茂盛,乃其验也。而拘忌者或以择地之方位,决日之吉凶,甚者不以奉先为计,而专以利后为虑,尤非孝子安措之用心^②。惟五患者不得不慎:须使异日不为道路,不为城郭,不为沟池,不为贵势所夺,不为耕犁所及。

【注释】

① 宅兆:墓地。

② 安措:即安葬。

【译文】

选择下葬之地,是推断地形的美与不美。地形美的话祖先的神灵就能安定,子孙后代就能繁茂兴旺。那么什么样的地形才叫作美呢?土壤原色光亮润泽,草木茂密旺盛,这就是地形美的验证。然而那些有所禁忌的人只考虑选择墓地的方位风水、下葬之日的吉凶,更有过分的不考虑如何供奉先人,而只考虑怎样才能对后人有利,这不应该是孝子安放先人遗体所有的用心。只是对于五种担心的情况不得不慎重:要确保先人的墓地将来不变成道路,不变成城郭,不成为沟和池塘,不被居高位有权势的人家侵夺,不成为田地。

正叔云^①:某家治丧,不用浮图^②。在洛亦有一二人家化之。

【注释】

① 正叔:程颐的字。

② 浮图:又作浮屠,此处指佛。古时丧事请僧人作法事超度亡灵。

程颐说：我家办理丧事，不请僧人前来超度。在洛阳也有一两户人家受我家的影响而改变习俗。

横渠先生曰：兵谋师律①，圣人不得已而用之，其术见三王方策，历代简书。惟志士仁人，为能识其远者大者，素求预备而不敢忽忘。

【注释】

① 兵谋：指军事计谋。师律：指军队的纪律。

【译文】

张载说：军事计谋和出师的律法，圣人在不得已的情况下才使用它。这些方术都记载在上古三王的典籍中，记载在历代的文书中。只有志士仁人，才能认识到其中远大的道理，平时就探求其中的道理作为不备之需而不敢忽略遗忘。

肉辟，于今世死刑中取之，亦足于宽民之死，过此当念其散之之久①。

【注释】

① 肉辟：肉刑，残害肉体的刑罚，古指墨、劓、剕、宫、大辟等。

【译文】

在现在死刑中选取情节较轻的人用肉刑进行处罚，这样做的话可免除百姓一些死罪，对于所犯罪过比较轻的罪犯，应该考虑到是由于在上之人教化无方使人心涣散的时间太久。

横渠先生为云岩令①，政事大抵以敦本善俗为先，每以月吉具酒食②，召乡人高年会县庭，亲为劝酬③，使人知养老事长之义。因问民疾苦，及告所以训戒子弟之意。

① 云岩：县名，在现在陕西省宜川县西北。

② 月吉：农历每月初一。

③ 劝酬：谓互相劝酒，敬酒。

【译文】

张载先生担任云岩县令之时，处理政事大体将敦厚人伦之本、改良风俗作为首要任务，每月初一这一天就置办酒食宴会，召集乡中上了年纪的人到县庭中聚会，亲自向他们敬酒，使人们明白侍奉长者的道理。趁此机会询问民间疾苦，并告诉人们要怎样训诫教育子弟。

横渠先生曰：古者有东宫，有西宫，有南宫，有北宫，异居而同财。此礼亦可行。古人虑远，目下虽似相疏，其实如此乃能久相亲。盖数十百口之家，自是饮食衣服难为得一。又异宫乃容子得伸其私，所以避子之私也。子不私其父，则不成为子。古之人曲尽人情。必也同宫，有叔父伯父，则为子者何以独厚于其父，为父者又乌得而当之？父子异宫，为命士以上，愈贵则愈严。故异宫，犹今世有逐位，非如异居也。

【译文】

张载说：古代有东宫、西宫、南宫、北宫，各人分别住在各自的房子里，而财产却是共同拥有的。这种礼在今天也能推行。古人的谋虑比较长远，这样各自分开住从眼下看似乎关系疏远，其实这样才能长久相亲。因为几十上百口人的大家族，自然是饮食衣服难以做到统一。又各自分开住的话才使得儿子们有表达对自己父亲特有之情的空间，并且能回避其叔父伯父。儿子对自己的父亲不偏厚的话，就不是真正的儿子。古人细微地体察人情。一定要共同住在一所房屋的话，有叔父伯父在旁边，身为儿子又如何能表达自己对父亲的偏厚之情呢？身为父亲又如何能单独占有儿子的孝心呢？父子分开居住，是对有爵位的士的要求，可见地位越尊贵的话异宫的要求就越严格。因此说，异宫就如今天兄弟们各自住

卷九　制度

在各屋,并不是分家各自过活。

　　治天下不由井地,终无由得平。周道止是均平^①。

【注释】
① 周道:大路。

【译文】
　　治理天下而不采用井田制,最终也不能达到平均。大路好行也只是因为它平坦。

　　井田卒归于封建,乃定。

【译文】
　　井田制要一直恢复到诸侯分封制的时候,才算是最终的定点。

卷十　政事

伊川先生上疏曰：夫钟，"怒而击之则武，悲而击之则哀"，诚意之感而入也。告于人亦如是，古人所以斋戒而告君也①。臣前后两得进讲，未尝敢不宿斋预戒，潜思存诚，觊感动于上心②。若使营营于职事③，纷纷其思虑，待至上前，然后善其辞说，徒以颊舌感人，不亦浅乎？

【注释】

① 斋戒：古人在祭祀前沐浴更衣、整洁身心，以示虔诚。

② 觊：指希望，企图。

③ 营营：忙忙碌碌没有休止，形容内心躁急不安。

【译文】

程颐上疏中说道：钟这样的东西，人们愤怒的时候敲它声音就会雄浑猛烈，悲痛的时候敲它声音就会悲痛哀伤，这是钟感受到了人的情绪并且把这种情绪融入钟声之中了。对别人讲话也是这样，所以古人要沐浴更衣，洁整身心以后才会去向君主进言。我曾两次得以向皇帝讲解诗书及文史，没有哪一次敢不在前一天提前加以斋戒，沉淀心思，保持心怀坦诚，希望自己的讲述能感动圣上之心。假如一天到晚处理公务，思虑繁忙杂乱，等来到皇帝面前的时候，临时修饰自己的语言想说得优美动听些，只是用口舌让人感动，那样做不是太肤浅了吗？

伊川《答人示奏稿书》云：观公之意，专以畏乱为主，颐欲公以爱民为先，力言百姓饥且死，丐朝廷哀怜，因惧将为寇乱可也。不惟告君之体当如是，事势亦宜尔。公方求财以活人，祈之以仁爱，则当轻财而重民；惧之以利害，则将恃财以自保。古之时，得丘民则得天下。后世以兵制民，以财聚众，聚财者能守，保民者为迂。惟当以诚意感动，觊其有不忍之心而已。

【译文】

程颐在《答人示奏稿书》中说道：看您奏折中的意思，主要只是担心动乱，我却想要您以爱护百姓之意为重，极力向皇帝说明百姓快要饿死了的情况，乞求朝廷能够同情怜悯，并且再说明担心民众因穷困而遭到盗寇作乱，这样写是可以的。不仅应该这样上告国君，事实上的情况也应该像这样说。您正在乞求财物来救百姓，用仁爱之心请求皇帝，皇帝就会不贪图财货而重视百姓；如果用利益和损害来引起他的警惕，皇帝就会依仗财物来自我保护。古时候如果能得到百姓的拥护就能得到天下。后世却用军队挟制百姓，用财物召集军队，聚集民众，聚敛财物的人能够自己守卫，安抚民众被看作是迂腐的行为。我们只能用诚意感动君主，希望他有仁爱之心罢了。

明道为邑^①，及民之事，多众人所谓法所拘者，然为之未尝大戾于法，众亦不甚惊骇。谓之得伸其志则不可，求小补，则过今之为政者远矣。人虽异之，不至指为狂也。至谓之狂，则大骇矣。尽诚为之，不容而后去，又何嫌乎？

【注释】

① 为邑：治理地方，即做地方官。

【译文】

程颐曾说道：程颢做地方官的时候，如果涉及民众的事，程颢的做法大多是一般人认为受到法令的限制而不能做的，然而程颢做了从没有在很大程度上对法令有所违背，也没有引起民众多大的惊慌害怕。说是展现了他的心志是谈不上的，求得有一点点的补益，就已经远远超过今天执政的人了。人们即使认为有些奇异，但不至于指责他狂怪。到了说他狂妄的地步，就会引起大的惊扰了。竭尽全力做你认为应该做的事，不能为世所容的话就离去,这又有什么好疑惑的呢?

明道先生曰:一命之士①,苟存心于爱物,于人必有所济。

【注释】

① 一命之士:指级别最低的官员。

【译文】

程颢说:即使是职位再低的官员,只要将仁爱和仁义施之于民有爱护万物的心,就一定能对人民有所救济。

伊川先生曰:君子观天水违行之象,知人情有争讼之道①。故凡作事,必谋其始,绝讼端于事之始,则讼无由生矣。谋始之义广矣,若慎交结、明契券之类是也②。

【注释】

① 讼端:指诉讼之事端。

② 契券:双方或多方共同协议订立的条款文书。

【译文】

程颢说道:当君子看到水与天相背而行的卦象时,就会明白人情会发生争讼的道理。所以一旦做事,一定要在开始时思考周密,从一开始就杜绝争讼的隐患,那么就不会发生争讼了。谋虑于开始的含义是有多方面的,如谨慎处理人事交结,经济往来中的文书契约要分清之类都是。

《师》之九二,为师之主。恃专则失为下之道,不专则无成功之理。故得中为吉。凡师之道,威和并至则吉也。

【译文】

《师》卦的九二爻,象征着军队的主帅。倚仗可以专权便擅自行事,对于君主来说就失去了在下者之道,不专权行事就没有成功的道理。所以做到中道为最佳。大凡率军之道,要采用威严与平和并用,刚柔并济就最好了。

世儒有论鲁祀周公以天子礼乐,以为周公能为人臣不能为之功,则可用人臣不得用之礼乐。是不知人臣之道也。夫居周公之位,则为周公之事。由其位而能为者,皆当为也。周公乃尽其职耳。

【译文】

俗儒有评论鲁国用天子之礼乐祭祀周公这件事情,认为周公能立下人臣所做不到的功劳,那么就可以用人臣不可以用的礼乐。这样说是不懂得做人臣的道理。既然居于周公这样的职位,就该做这个职位上该做的事。能够在这个职位上做的事,都是应该做的。周公只不过是尽忠职守而已。

《大有》之九三曰:"公用亨于天子,小人弗克。"《程氏易传》曰:三当大有之时,居诸侯之位,有其富盛,必用亨通于天子,谓以其有为天子之有也,乃人臣之常义也。若小人处之,则专其富有以为私,不知公己奉上之道,故曰:"小人弗克"也。

【译文】

《大有》卦九三爻的爻辞为:"公侯自己拥有的东西给天子享用,小人无法做到。"程颐在《程氏易传》中解释说:九三爻处于富有之时,犹如诸侯居其位,拥有的东西富裕丰盛,一定拿来给天子享用以求通于天子,认为自己的东西就是天子的东西,这是身为臣子该遵循的正道。若是小人处理这样的事,就将这拥有的东西当作私人财产,不知道要将自己拥有的当作公共拥有的来供奉天子的道理,因此说,"小人无法做到"呀。

人心所从,多所亲爱者也。常人之情,爱之则见其是,恶之则见其非。故妻孥之言^①，虽失而多从；所憎之言，虽善为恶也。苟以亲爱而随之，则是私情所与，岂合正理？故《随》之初九：出门而交，则有功也^②。

【注释】

① 妻孥：妻子儿女。

② "出门而交，则有功也"：《周易·随卦》初九爻辞："出门交有功。"出门而交：心不为私情所系，才能正确地选择所交的对象，所交不偏倚，这样就能有成效。

【译文】

人心所听从的，多是自己身边亲近的人。人之常情，喜爱一个人就只看到他的优点，厌恶一个人就只看到他的缺点。所以妻子儿女对他说的话，即使说错了也大多会听从；他所厌恶的人的话，即便是善意的也认为是不利的。如果因为喜爱谁就听谁的话，那是按自己的个人喜好去交往，怎能合于正当的道理呢？所以《随》卦的初九爻说：走出围墙去与他人相接触，才会有成效。

《随》九五之《象》曰："孚于嘉吉，位正中也。"《伊川易传》曰：随以得中为善，随之所防者过也，盖心所说随，则不知其过矣。

【译文】

《随》卦九五爻的《象》辞道："善与善以诚信相应，吉，是因为相应的双方位置都既中又正。"程颐在《伊川易传》中解释说：选择你要追随的合适的人把握好度才好，追随中要防止追随错了人，因为如果心中喜欢谁就去追随，那就不能发现过失。

《坎》之六四曰："樽酒簋贰，用缶，纳约自牖，终无咎。"《伊川易传》曰：此言人臣以忠信善道结于君心，必自其所明处乃能入也。人心有所蔽，有所通，通者明处也，当就其明处而告之，求信则易也,故曰:"纳约自牖。"能如是,则虽艰险之时,终得无咎也。且如君心蔽于荒乐,唯其蔽也,故尔虽力诋其荒乐之非,如其不省何?必于所不蔽之处推而及之,则能悟其心矣。自古能谏其君者,未有不因其所明者也。故讦直强劲者,率多取忤;而温厚明辨者,其说多行。非唯告于君者如此,为教者亦然。夫教必就人之所长,所长者,心之所明也。从其心之所明而入,然后推及其余,孟子所谓"成德""达财"是也。

【译文】

《坎》卦的六四爻辞道:"一樽酒两簋食,用瓦缶盛了,从窗户里送进这俭朴的食品,最终不会有灾难。"程颐在《伊川易传》中解释说:这是说臣下用忠诚信实来结交君心,一定要从他所通达的地方才能深入其心中。人心都有蒙蔽的地方,有明达的地方,通达的地方就称之为明处,应该从他明白的地方入手,获得他的认可就比较容易,所以有句话叫:"纳约自牖。"能做到这样,那么即使处于艰险的时候,最终也不会有什么祸患。例如君心被游玩悠闲安乐所闭塞,正因为他被蒙蔽着,所以即使极力指责这样做不对,为什么他还是不能省悟呢?一定要从他通晓的地方提供意见从而推广到他不明白的地方,就能使他的心领悟了。自古以来善于劝诫其君主的人,没有不是从他明白的地方逐步深入的。所以那些直言不讳的人,大多违反君主之意;而温顺敦厚明辨事理的人,其意见大多能够被采纳。不仅应该如此进谏国君,教导他人也是这样。教人一定要善于结合他自身的长处使之发扬开去,他的长处,便是心中明达之地呀。从他心中明达之处开始,然后引向其他方面,这就是孟子说的"成就品德"和"通达事理"呀。

《恒》之初六曰:"浚恒,贞凶。"《象》曰:"浚恒之凶,始求深也。"《伊川易传》曰:初六居下,而四为正应。四以刚居高,又为二、三所隔,应初之志,异乎常矣。而初乃求望之深,是知常而不知变也。世之责望故素而至悔咎者,皆"浚恒"者也。

【译文】

《恒》卦的初六爻辞道:"浚恒,贞凶。"《象》辞曰:"浚恒凶的原因是先前要求得太多了。"程颐在《伊川易传》中解释说:初六爻处于下位,与九四爻为正应。九四爻以其阳刚之性处于高位,又被九二、九三两爻阻隔了与初六的对应,所以它与初六相对应,已经不同于一般的相应之理了。而初六对九四的愿望却很深切,这是懂得常理而不懂变通呀。世上对故旧素交要求过于深切而导致交情破裂最终导致后悔取咎的人,全都属于"浚恒"啊。

《遯》之九三曰:"系遯,有疾厉,畜臣妾,吉。"《伊川易传》曰:系恋之私恩,怀小人女子之道也,故以畜养臣妾则吉。然君子之待小人,亦不如是也。

【译文】

《遯》卦的九三爻辞曰:"因为眷恋牵累了退隐,就像患了疾病,用这系恋的方法蓄养仆人侍妾,吉利。"程颐在《伊川易传》中解释说:牵挂眷恋这种小恩小惠,是让小人、女子怀念你的办法,那么用这办法对待仆人、侍妾则吉利。但却不是君子应行的事。

《睽》之《象》曰:"君子以同而异。"《伊川易传》曰:圣贤之处世,在人理之常,莫不大同。于世俗所同者,则有时而独异。不能大同者,乱常拂理之人也;不能独异者,随俗习非之人也。要在同而能异耳。

【译文】

《睽》卦的《象》辞道:"君子处世求同存异。"程颐在《伊川易传》中解释说:圣人处世,在人的常理方面,莫不与人大体相同。对尘世间所共同追求的东西,则有时与众不同,标新立异。不能在常理方面与人大体相同的人,是违背一定的法则、规律忤逆常理的人;不能与众不同标新立异的人,是从众、盲目的人。关键在于是否既能保持大同又能保持独异。

《睽》之初九:当睽之时,虽同德者相与,然小人乖异者至众,若弃绝之,不几尽天下以仇君子乎?如此则失含宏之义,致凶咎之道也,又安能化不善而使之合乎?故必"见恶人则无咎"也。古之圣王,所以能化奸凶为善良,革仇敌为臣民者,由弗绝也。

【译文】

《睽》卦的初九爻:身处乖离之时,尽管有同心同德的人和你相处,但与你背离的小人却很多,如果拒绝与小人结交,那不是让全天下的人都仇恨君子吗?这样做的话就失去包容博厚的气量,是会导致凶险祸害的做法,又如何能感化凶恶之人与其和谐相处呢?所以一定要做到"碰见恶人也没有凶险"。古代的圣明帝王,之所以能够感化奸凶让他们心地善良,改造有积恨的敌人使他们成为臣民,就是因为没有拒绝他们。

《睽》之九二:当睽之时,君心未合,贤臣在下,竭力尽诚,期使之信合而已。至诚以感动之,尽力以扶持之,明理义以致其知,杜蔽害以诚其意,如是宛转以求其合也。"遇"非枉道逢迎也,"巷"非邪僻由径也。故《象》曰:"遇主于巷,未失道也。"

【译文】

《睽》卦的九二爻:身处乖离之时,未能与君主的心相合,贤明的大臣身居下位,就要竭尽自己的精力和忠诚之心,以渴望得到君王的信任使其与我相合。以至诚之心去感动君王,用尽全力去辅助君王,讲明义理以让君王明白道理,杜绝闭塞君王的东西以使君王能够诚心正意,通过这样婉转委曲的方法求得与君王相合。《象》辞上所说的"遇",就不是特意绕道去逢迎,"巷"并非邪僻的小道。因此《象》辞说:"在巷中遇见君王,并没有违背为臣之道。"

《损》之九二曰："弗损益之。"《伊川易传》曰：不自损其刚贞，则能益其上，乃"益之"也。若失其刚贞而用柔说，适足以损之而已。世之愚者，有虽无邪心，而惟知竭力顺上为忠者，盖不知"弗损益之"之义也。

【译文】

《损》卦九二爻的爻辞是："不损而益。"程颐在《伊川易传》中解释说：不损害自己的刚贞之性，而能对君王有益处，这就是所谓的"益之"。若损害自己的刚贞之性而用柔媚的手段去取悦君王，这是损害君王而已。世上的愚笨之人，有的虽然没有邪恶之心，却只知道竭尽全力去顺从君王，还以为这样做便是忠，这种人不明白"不损而益"的道理。

《益》之初九曰："利用为大作，元吉，无咎。"《象》曰："元吉，无咎，下不厚事也。"① 《伊川易传》曰：在下者本不当处厚事。厚事，重大之事也。以为在上所任，所以当大事，必能济大事而致元吉，乃为无咎。能致元吉，则在上者任之为知人，已当之为胜任。不然，则上下皆有咎也。

【注释】

① 元吉：大吉，洪福。厚事：重要的事情。

【译文】

《益》卦初九爻的爻辞是："利于让他担任大事，完成得很出色，没有祸害。"《象》辞说："完成得出色才没有祸害，是因为身居下位的人原本不应该担任大事。"程颐在《伊川易传》中解释说：身居下位的人本不应该担任重要的事情。厚事，就是指重要的事情。因为有身居高位的人的委任，因此才能担任重大的事，一定要能够办成大事且表现出色，才能没有祸害。完成得出色，那么身居上位的人委任你是知人善任，自己担任此大事表明自身足以担任。如果完成得不出色，那么身居上位的人委任失误，身居下位的人表现不好，都是有罪责的。

革而无甚益,犹可悔也,况反害乎? 古人所以重改作也。

【译文】

进行改革后反而没有什么益处,尚且要后悔,何况反倒招致危害呢? 这就是古人慎重地对待改革的原因。

《渐》之九三曰:"利御寇。"《程氏易传》曰:君子之与小人比也,自守以正,岂惟君子自完其己而已乎? 亦使小人不得陷于非义,是以顺道相保,御止其恶也。

【译文】

《渐》卦九三爻的爻辞是:"有利于抵抗寇贼。"程颐在《程氏易传》中解释说:君子和小人相处,君子用正道来自坚其操守,难道只是君子完善地自修其身而已吗? 也同时使得小人不落入不义的地步,这就是顺应正道以保全自己,又能防止小人作恶生非。

《旅》之初六曰:"旅琐琐,斯其所取灾。"① 《程氏易传》曰:志卑之人,既处旅困,鄙猥琐细,无所不至,乃其所以致悔辱、取灾咎也。

【注释】

① 旅:此处是羁旅之义。琐琐:人品卑微,气量小。

【译文】

《旅》卦的初六爻辞说:"身处旅途之中而气量小,这样就会招致灾祸。"程颐在《程氏易传》中解释说:志趣卑下之人,身处旅途困顿之中,就显得更加猥琐鄙陋,什么事都干得出来,因此他们就难免招致侮辱,自取灾祸。

在旅而过刚自高,致困灾之道也。

身处旅途之中性情刚戾且自高，这就会招致困厄灾难。

《兑》之上六曰："引兑①。"《象》曰："未光也。"《程氏易传》曰：
说既极矣，又引而长之，虽说之之心不已，而事理已过，实无所说。
事之盛则有光辉，既极而强引之长，其无意味甚矣，岂有光也？

【注释】
① 兑：为"说"的本字，此处是喜悦之意。

【译文】
《兑》卦上六爻的爻辞是："引兑。"《象》辞是："未光也。"程颐在《程
氏易传》中解释说：喜悦到了极点，而又强牵着要使喜悦之情延长，即使
喜欢他的心还未停止，但事理已经成为过去，实在没有可喜悦的地方。
事物发展到极盛的时候则有光辉，极盛以后又强牵着要让其持续下去，
那是非常没有意思的，难道还有光辉吗？

《中孚》之《象》曰："君子以议狱缓死。"《程氏易传》曰：君子
之于议狱，尽其忠而已；于决死，极其恻而已。天下之事，无所不尽
其忠，而议狱缓死，最其大者也。

【译文】
《中孚》卦的《象》辞是："君子要效仿《中孚》一卦的诚信精神去审
议狱案，宽赦死罪。"程颐在《程氏易传》中解释说：君子对待审议狱案，
竭尽自己的忠诚而已；对于处决死刑犯，竭尽同情怜悯之心而已。君子
处理天下的事情，没有不竭尽自己的忠诚，而审议狱案宽赦死罪，又是竭
尽忠诚中最重要的事。

事之时而当过，所以从宜，然岂可甚过也？如过恭、过哀、过
俭，大过则不可。所以小过为顺乎宜也。能顺乎宜，所以大吉。

【译文】

处理事情有时要做得过度一点，那是为了顺应时宜，但怎么可以过度吗？如处事过度恭敬、治丧过度哀痛、生活过度节俭，太过度就行不通了。有点过度是为了顺从时宜。能顺乎时宜的话，才能够大吉。

防小人之道，正己为先。

【译文】

防备小人的做法，首先是端正自己的思想与言行。

周公至公不私，进退以道，无利欲之蔽。其处己也，夔夔然有恭畏之习；其存诚也，荡荡焉无顾虑之意①。所以虽在危疑之地②，而不失其圣也。《诗》曰："公孙硕肤，赤舄几几。"③

【注释】

① 处己：立身处世。夔夔：戒惧谨慎貌。荡荡：心胸宽广貌。

② 危疑：武王死后，成王年幼，周公摄政，人疑周公用心，发流言以攻周公。

③ "公孙硕肤，赤舄几几"：出自《诗经·豳风·狼跋》。孙：通"逊"，谦逊。硕：即大。肤：即美。赤舄(xì)：红色的鞋。几几：步履安重的样子。

【译文】

周公大公无私，他的举止行动全都遵循正道，没有利欲闭塞他的心地。他立身处世，夔夔然有戒惧谨慎之心；他心怀坦诚，心胸宽广没有忧虑之意。因此他即使处于被怀疑的境地，也不会失去圣人应有的气度。《诗经》上说："周公谦逊高大又美好，穿着红色的礼鞋步履安稳大度。"

采察访求，使臣之大务。

【译文】

采访民情,访求贤人,这是使臣的重大事务。

明道先生与吴师礼谈介甫之学错处①,谓师礼曰:为我尽达诸介甫,我亦未敢自以为是。如有说,愿往复。此天下公理,无彼我。果能明辩,不有益于介甫,则必有益于我。

【注释】

① 吴师礼:字安仲,杭州人。介甫:王安石,字介甫。

【译文】

程颢对吴师礼谈论王安石学说错误的地方,说:你把我的话全部转达给王安石,我也不敢自以为了不起。如果他有辩说的地方,希望你转达给我。学问是天下的公理,没有彼此的区别。果真能够辩明了,不是对王安石有益,就一定对我有益。

天祺在司竹①,常爱用一卒长②。及将代③,自见其人盗笋皮,遂治之无少贷④。罪已正,待之复如初,略不介意。其德量如此。

【注释】

① 天祺:张戬,字天祺,张载的弟弟。

② 卒长:古代军队百人为卒,其长官称卒长。

③ 代:原官卸任,新官代替。

④ 贷:赦免,宽恕。

【译文】

张戬担任司竹监丞的时候,曾经喜欢重用一名卒长。此人快到卸任之时,张戬看见他盗窃竹笋皮,于是依法治他的罪而没有赦免宽恕。治罪之后,对待这个人还像原来一样好,没有丝毫介意。他的德量是多么的宽广。

因论"口将言而嗫嚅"①,云:若合开口时,要他头也须开口②。须是听其言也厉。

【注释】

① 口将言而嗫嚅:韩愈《送李愿归盘谷序》:"伺候于公卿之门,奔走于形势之途。足将进而趑趄,口将言而嗫嚅。"嗫嚅:欲言又止的样子。

② 要他头也须开口:典出《史记·刺客列传》。就像荆轲为了刺杀秦王而向樊於期借人头那样。

【译文】

因谈论到人欲言又止的情状,程颢说:如果应当开口说话的时候,要他的头颅也要开口。应该是听到他说话就让人感到义正词严。

须是就事上学。"蛊,振民育德。"① 然有所知后,方能如此。"何必读书,然后为学?"②

【注释】

① "蛊,振民育德":《周易·蛊·象》:"山下有风,蛊。君子以振民育德。"振民育德就是具体的实践,在实践中验证义理,就是学。

② "何必读书,然后为学":《论语·先进》:"子路曰:'有民人焉,有社稷焉,何必读书,然后为学?'子曰:'是故恶夫佞者。'"

【译文】

应该在具体的实践中进行学习。因此《周易·蛊·象》说:"振奋百姓,培育自己的德行。"但要明白事理之后,才能这样去践行。"何必非要读书,才能称得上学问呢?"

先生见一学者忙迫,问其故,曰:"欲了几处人事。"曰:某非不欲周旋人事者①,曷尝似贤急迫②?

① 人事：人情往来等应酬之事。

② 曷尝：何尝。

【译文】

程颐看见一位学生忙碌仓皇的样子，问他原因，回答说："要去了结几件人事。"程颐说：我也并非不要应酬人情世事，但从来没有像你这样急迫。

安定之门人①，往往知稽古爱民矣，则于为政也何有？

【注释】

① 安定：即胡瑗，世称其为安定先生，程颐的老师。

【译文】

胡瑗的学生们，往往都能考察古代的事，爱护百姓，那么让他们处理政事还有什么困难呢？

门人有曰：吾与人居①，视其有过而不告，则于心有所不安。告之而人不受，则奈何？曰：与之处而不告其过，非忠也。要使诚意之交通②，在于未言之前，则言出而人信矣。又曰：责善之道③，要使诚有余而言不足，则于人有益，而在我者无自辱矣。

【注释】

① 居：共同生活。

② 交通：即交流沟通。

③ 责善之道：《孟子·离娄下》："责善，朋友之道也。"责善：劝勉他人从善。

【译文】

有位学生说：我和他人一起相处，看见他有做错的地方而没有告诉他，内心就会感到不安。告诉了人家，对方却不接受，那要怎么办呢？程颢说：与他人一起相处而不告诉对方的错误，不是对朋友尽忠的做法。要在你指出他错误之前让彼此的忠诚之心相交相通，那么才一开口，对方就信从了。又说：劝勉朋友从善的方法是，要使诚意有余而话语常感不足，则对他人有益，对于自己也不会感到自取屈辱。

职事不可以巧免。

【译文】
职责中该完成的事务，不能依靠技巧逃避。

"居是帮，不非其大夫"①，此理最好。

【注释】
① "居是帮，不非其大夫"：出自《孔子家语·子夏问篇》。
【译文】
子贡说："在这个邦国中生活，就不要去非议这一国家的大夫。"这道理讲得最透彻。

"克勤小物"最难①。

【注释】
① 克勤小物：出自《尚书·毕命》。小物：细小之事。
【译文】
"能够勤勉于细小琐碎之事"是最困难的。

欲当大任，须是笃实。

【译文】
想要担当重要职务，为人应该忠诚老实。

凡为人言者,理胜则事明,气忿则招怫。

【译文】

大凡与人辩论,道理充足,事情就能讲清楚,生气愤恨,只会导致不愉快的局面。

居今之时,不安今之法令,非义也。若论为治,不为则已,如复为之,须于今之法度内处得其当,方为合义。若须更改而后为,则何义之有?

【译文】

生活在当今之世,不安于现在的法令,不合于正义。如果说到治理政事,不去为政就罢了,如果想做官处理政事,就应该在当今的法度之内恰当地处理政事,才算是合于正义。如果说一定要等到更改法令后才去做,那还有什么意义呢?

今之监司多不与州县一体①,监司专欲伺察,州县专欲掩蔽。不若推诚心与之共治,有所不逮,可教者教之,可督者督之。至于不听,择其甚者去一二,使足以警众可也。

【注释】

① 监司:负有监察州县之责的官吏。

【译文】

今天的监司官大多数没有与州县官共同努力治理政事,监司官把心思放在潜伺密察州县官的罪恶上面,州县官把心思放在掩盖自己的过错上面。身为监司官,不如推广自己的真诚之心与州县官共同治理政事,州县官有做得不好的地方,可以教导的就进行教导,应该督责的就进行督责。教导督责都不听从,就选择一两个情节严重的罢免他的职位,起到警诫其他人的作用就可以了。

伊川先生曰：人恶多事，或人悯之。世事虽多，尽是人事。人事不教人做，更责谁做？

【译文】

程颐说：有人由于要做的事太多感到厌烦，别人有的同情他。世上的事情虽然多，但大多数是人事。人事不由人去做，又该让谁去做呢？

感慨杀身者易，从容就义者难。

【译文】

一时愤激寻死容易，从容不迫地为正义而死却很困难。

人或劝先生以加礼近贵，先生曰：何不见责以尽礼而责之以加礼？礼尽而已，岂有加也？

【译文】

有人规劝程颐对皇帝的亲近与贵人用厚于常规的礼仪对待，程颐说：为什么不要求我合乎礼仪而要求我用厚于常规的礼仪？做到合乎礼仪就是了，难道还有可以增加的礼节吗？

或问：簿①，佐令也。簿所欲为，令或不从，奈何？曰：当以诚意动之。今令与簿不和，只是争私意。令是邑之长，若能以事父兄之道事之，过则归己，善则唯恐不归于令，积此诚意，岂有不动得人？

【注释】

① 簿：主簿，文官。宋代时诸县设置令、丞、簿、尉。县令为一县之行政长官。县主簿其职责为主管文书，办理事务。

【译文】

有人询问：主簿，其职责是辅佐县令。主簿图划的事，县令不同意，该怎么办？程颐回答说：主簿应该用诚意去感动县令。现在的县令与主簿之间不和睦，只是以私意相争。县令是一县的行政长官，如果主簿能用侍奉父兄的态度来侍奉他，出现过错就自己承担，事情办好了只恐怕不能归功于县令，积累这样的诚意，哪里会不能感动他人呢？

　　人才有意于为公，便是私心。昔有人典选①，其子弟系磨勘②，皆不为理。此乃是私心。人多言古时用直，不避嫌得，后世用此不得。自是无人，岂是无时？

【注释】

① 典选：掌管选拔人才授官的事务。

② 磨勘：唐宋时官员评核升迁的制度。

【译文】

　　人一刻意去追求公的话，就是私心的表现。以前有人负责官吏考核，他有子弟在考察名单之中，他为了避嫌便不加理会考核之事。这正是私心的表现。人们多说古代时能够用直不避嫌，后世这样做行不通。后世无法这样做，是因为没有用直不避嫌的人，哪里是因为没有了那样的时代呢？

　　君实尝问先生云①：欲除一人给事中②，谁可为者？先生曰：初若泛论人才，却可。今既如此，颐虽有其人，何可言？君实曰：出于公口，入于光耳，又何害？先生终不言。

【注释】

① 司马光：字君实。宋哲宗初年，担任尚书左仆射兼门下侍郎，主持朝廷政事。

② 给事中：宋代时为门下省的要职，掌驳正政令之违失。

【译文】

　　司马光曾经请教程颐：想推举一人担任给事中，谁能够胜任呢？程颐回答说：如果像当初泛泛议论人才，我是可以建议的。现在既然如此，我心中即使有这样的人选，怎么能说出口呢？司马光说：从您的口中说出来，进入我的耳里，没有他人知道，又有什么妨害呢？程颐最终也没说出。

学者不可不通世务。天下事譬如一家，非我为，则彼为；非甲为，则乙为。

【译文】

学者一定要通达世情时势。天下好比一家子，一家子的事不是你来做，就是我来做，不是甲去做，就是乙去做。

"人无远虑，必有近忧①。"思虑当在事外。

【注释】

① "人无远虑，必有近忧"：出自《论语·卫灵公》。

【译文】

"人无远虑，必有近忧。"人的思考谋虑要超出当前所做的事之外。

圣人之责人也常缓，便见只欲事正，无显人过恶之意。

【译文】

圣人责备他人的时候常常宽缓，可见圣人只想要让事情归于正道，并没有要暴露他人过错与缺点的意思。

明道先生作县，凡坐处皆书"视民如伤"四字①，常曰：颢常愧此四字。

① 视民如伤:《左传》哀公元年:"国之兴也,视民如伤,是其福也。"

【译文】

程颢担任县令时,在经常坐的地方都写上"视民如伤"这四个字,常说道:我每次看见这四个字就感到惭愧不已。

伊川每见人论前辈之短,则曰:汝辈且取他长处吧。

【译文】

程颐每次看见有人议论前辈人的短处,他就说:你们还是去学习他们的长处吧。

横渠先生曰:凡人为上则易,为下则难①。然不能为下,亦未能使下②,不尽其情伪也。大抵使人,常在其前己尝为之,则能使人。

【注释】

① "为上""为下":身居上位、身居下位。

② 使下:使用和管理属下的人。

【译文】

张载说:大凡人担任上司容易,身为下属困难。但无法胜任做下属的,也无法使用并管理下属,这是因为无法了解基层的真实情况。大抵要使用和管理人,常常是以前自己曾经做过同样的事,因此能够使用他人。

《坎》:"维心亨",故"行有尚"。外虽积险,苟处之心亨不疑,则虽难必济而"往有功也"。今水临万仞之山,要下即下,无复凝滞。险在前,惟知有义理而已,则复何回避?所以心通。

《坎》卦的《象》辞是："只因内心畅通明了"，因此"一举一动可以崇尚"。外面虽然危险重重，但如果处于险境之中而内心畅通明了了，那么即使遭遇艰难也必然能克服难关，并做到"往而有功"。现在水临万丈之高的大山，要落下就落下，再没有凝滞不畅。艰险就在眼前，只知道遵循义理前进罢了，还要回避什么呢？这就是内心畅通明了的原因。

人所以不能行己者，于其所难者则惰，其异俗者，虽易而羞缩。惟心宏则不顾人之非笑，所趋义理耳，视天下莫能移其道。然为之，人亦未必怪，正以在己者义理不胜。惰与羞缩之病消则有长，不消则病常在，意思龊龊，无由作事。在古气节之士，冒死以有为，于义未必中，然非有志概者莫能，况吾于义理已明，何为不为？

人之所以不能践行自己的见解，是由于在那些困难的事情上表现怠惰，那些与世俗相异的事情，即使容易却羞怯退缩而没有勇气去做。只有心胸广阔的人，则不顾忌他人的非议与嘲笑。你的目标是推行义理，义理当践行的时候，全天下都没有人能够改变你追求的正道。然而你付之行动，别人也未必感到奇怪，不能做的原因，正在于自身的义理之心不够强胜。怠惰与羞缩的毛病减少那么义理之心就会增长，不减少那么毛病就一直存在，心胸不广阔的话，不可能干成任何事。古代的时候崇尚有气节的士人，他们冒着死亡的危险去有所作为，其行为未必合乎正义，然而不是有志气节烈的士人便不能做到，何况我们现在明白了义理，合乎义理的事情，为何不去做呢？

《姤》初六："羸豕孚蹢躅。"豕方羸时，力未能动，然至诚在于蹢躅，得伸则伸矣。如李德裕处置阉宦[①]，徒知其帖息威伏，而忽于志不忘逞，照察少不至，则失其几也。

① 李德裕：字文饶，唐代赵郡赞皇(今河北赞皇县)人，唐武宗时的宰相。唐文宗时，受牛党势力倾轧，出为浙西观察使。后又两度为相。执政期间外平回鹘、内定昭义、裁汰冗官、制驭宦官、协助武宗灭佛，功绩显赫。会昌四年八月，进封太尉、赵国公。

【译文】

《姤》卦初六爻的爻辞是："瘦弱衰病的猪心中所追求的是徘徊躁动。"当猪瘦弱衰病的时候，它的力量不足因此无法动，然而心中确实想的是要躁动，等待能够伸张它心志之时就要动起来了，这好比小人身处困顿之境而时时想着得逞其志。例如唐代宰相李德裕处置宦官，只知道他们平服威伏了，而没有注意到他们志不忘逞的内情，一时没有照察，也没有及时消除其祸患的苗头，因此最终酿成大祸。

　　人教小童亦可取益：绊己不出入，一益也；授人数数，己亦了此文义，二益也；对之必正衣冠、尊瞻视，三益也；常以因己而坏人之才为忧，则不敢惰，四益也。

【译文】

　　一个人教育小童子可以使自己受益：绊住了自己在家不外出远游，是第一个益处；把书教给他人许多遍，自己就更能明白其中的文义，这是第二个益处；与小孩相处一定要衣冠端正，一瞻一视都要表现得严肃，这是第三个益处；常常担心自己教导不好而耽误小孩之才，因此不敢懒惰，这是第四个益处。

卷十一　教学

濂溪先生曰：刚善，为义，为直，为断，为严毅，为干固^①；恶，为猛，为隘，为强梁。柔善，为慈，为顺，为巽。恶，为懦弱，为无断，为邪佞。惟中也者，和也，中节也^②，天下之达道也，圣人之事也。故圣人立教，俾人自易其恶，自至其中而止矣。

【注释】

① 干固：《周易·乾卦》曰："贞固足以干事。"此指办事有干练之才能。
② 中节：适度，中正不变。

【译文】

周敦颐说道：刚之性表现为善的话，包含正义、刚直、决断、严厉刚毅和干练贞固；表现为恶的话，包含猛悍、狭隘和强梁。柔之性表现为善的话，包含仁慈、和顺和谦让；表现为恶的话，包含懦弱、无断和邪佞。中的意思，是和或者适度，它是通行天下的大道，是圣人才能做得到的。所以圣人设教，是要使人自行抛弃刚柔之恶，自行达到中和的境界并保持中和的状态。

伊川先生曰：古人生子，能食能言而教之^①。大学之法，以豫为先^②。人之幼也，知思未有所主，便当以格言至论日陈于前，虽未有知，且当薰聒^③，使盈耳充腹，久自安习，若固有之，虽以他说惑之，不能入也。若为之不豫，及乎稍长，私意偏好生于内，众口辩言铄于外，欲其纯完，不可得也。

【注释】

① 能食能言而教之：《礼记·内则》曰："子能食食，教以右手。能言，

男唯女俞。"唯、俞，分别指教他们答话，男孩回答唯，女孩回答俞。

② 豫：预先、预备。

③ 薰聒：熏陶。聒，频繁地说。

【译文】

程颐说：古人生了孩子，当孩子能吃饭能说话时就开始教育。大学教人的方法，首先选择提前熏陶和预防。孩子在幼小的时候，知识思虑没有先入为主的概念，就应该每天让他听到圣贤格言至论，尽管他还不明白，也应当反反复复地让他听，让他受到熏染，使他满耳满腹都是这些话，日积月累，自然就习惯于照着格言至论去做事，他的品性就像与生俱来的一样，即使有人用别的邪说去迷惑他，他也听不进去。如果不及早加以熏陶培养，那么等到稍大一些，内心如果产生了私意偏好，外边又有众人用巧辩的语言侵蚀着他们的思想，再想让他们的心性纯净而不混杂、完美而不缺失，那就不可能了。

明道先生曰：忧子弟之轻俊者①，只教以经学念书，不得令作文字。子弟凡百玩好皆夺志。至于书札，于儒者事最近，然一向好著，亦自丧志。如王、虞、颜、柳辈②，诚为好人则有之，曾见有善书者知道否？平生精力一用于此，非惟徒废时日，于道便有妨处，足知丧志也。

【注释】

① 轻俊：才智平庸行为轻浮。

② "王、虞、颜、柳"：指书法家王羲之、虞世南、颜真卿、柳公权。

【译文】

程颢说：担心自家的子弟才智平庸行为轻浮的，就只教子弟学经念书，不得让他习作诗文等。小孩子一切的爱好都会改变其学道的志向。至于说到书法，是和儒者最贴近的事，然而一旦喜爱了，也会丧失学道之志。比如王羲之、虞世南、颜真卿、柳公权这些人，说他们确实是好人则可以，曾见过书法家们哪个有深明圣人之道吗？一生的精力全用到这上

卷十一　教学

边,不仅白白浪费时光,对于学道也有阻碍,就此足以明白书法也会让人丧失学道之志。

教人未见意趣,必不乐学。欲且教之歌舞,如古《诗》三百篇,皆古人作之。如《关雎》之类,正家之始,故用之乡人,用之邦国,日使人闻之。此等诗,其言简奥,今人未易晓。别欲作诗,略言教童子洒扫应对事长之节,令朝夕歌之,似当有助。

【译文】

教人如果学习者没有感到学习中的趣味,他就一定不会主动乐于学习。我想将来可以用歌舞教他们,正如《诗经》三百篇,都是古人做来教人的。比如其中《关雎》之类,其作用是夫妻之礼正于家而为风化之开端,所以周公把它用到乡人身上来教化百姓,用到邦国中来教化臣民,使人天天听到它。但这样的诗,语言简约并且深奥,今天的人不容易理解。所以我想另作新诗,简要说明教育童子洒扫、应对、事长的节目,让他们早晚歌唱,似乎应该对他们的学习有所帮助。

子厚以礼教学者最善[1],使学者先有所据守。

【注释】

① 子厚:张载,字子厚。

【译文】

张载认为用礼来教予学生是最佳的方法,使弟子们先有个守身持心的根据。

语学者以所见未到之理,不惟所闻不深彻,反将理看低了。

【译文】

对学生们讲以他的知识水平还不能够理解的道理,不仅不能使他深刻透彻地理解这个道理，反而会把高深的道理也看得浅薄了。

舞、射便见人诚。古之教人，莫非使之成己。自洒扫应对上，便可到圣人事。

【译文】

舞而中节，射而中的，就能看出一个人的诚心所在。古代圣贤教人的方法，无非使之成就自身的品德行为。从洒扫、应对这些事情上，便能培养人的诚意，按此诚意做下去，就能达到圣人做事的境界。

自"幼子常视毋诳"以上，便是教以圣人事。

【译文】

从"幼童无知，要常示之以正事"以上的教育理念，就是用圣人的行事准则来教育人。

先传后倦，君子教人有序。先传以小者近者，而后教以大者远者。非是先传以近小，而后不教以远大也。

【译文】

先传授什么再传授什么，君子教人是按照一定顺序进行的。先传授那些小的和学生贴近的知识，而后传授那些重要的深远的知识。并不是先传授以近的小的知识，而后就不教他深远的知识了。

伊川先生曰:说书必非古意①，转使人薄。学者须是潜心积虑，优游涵养②，使之自得。今一日说尽，只是教得薄。至如汉时说下帷讲诵③，犹未必说书。

① 说书：解说古书。

② 游：从容而不急迫，悠闲自得，即从容地体会圣人之意。

③ 下帷讲诵：《汉书·董仲舒传》曰："孝景时为博士，下帷讲诵，弟子传以次相授业，或莫见其面。"

【译文】

程颐说：解说古书一定不符合古意，反倒使人变得浅薄。学者应该专心思考，久积思虑，悠闲自得，游于其间，涵泳持养，修身养性，自己领会以达到透彻理解。现在却一次性说完了，只是把书给教得浅薄了。至于汉代时说的董仲舒放下帐子讲诵，还未必是解说古书。

孔子教人，"不愤不启，不悱不发"①。盖不待愤、悱而发，则知之不固；待愤、悱而后发，则沛然矣②。学者须是深思之，思之不得，然后为他说便好。初学者须是且为他说，不然非独他不晓，亦止人好问之心。

【注释】

① "不愤不启，不悱不发"：出自《论语·述而》。

② 沛然：充盛貌，盛大貌。

【译文】

孔子教弟子学问时，"不到他想要弄通又弄不通的时候不去点拨他，不到快要说出来又说不出的时候不去启发他"。因为不等到他达到这种"愤""悱"的状态而去启发他，那么他对知识的掌握程度就不牢固；等到"愤""悱"之时再启发他，他就会充分地发展自己。学者应该先深刻地思考，深思以后如果还不能明白，然后再给他说透就好。但初学者应该给他先进行讲解，不然不仅他不能明白，也会妨碍了他的好问之心。

孟子说："人不足与适也，政不足与间也，唯大人为能格君心之非。"非惟君心，至于朋游学者之际，彼虽议论异同，未欲深校。惟整理其心，使归之正，岂小补哉！

【译文】

　　孟子说："当政的人不值得去责备，他们的政令也不值得去非议。只有高位者才能纠正君主思想上的错误。"不仅君心是这样的，以至于如果说同学与后学之间，他即使和你见解不同，也不要深入地加以论辩或者校正。只有纠正使他们的心富于条理，才能把心中不正确的东西纳入正确的轨道，这对人的益处岂止是一点点呀！

卷十二 警戒

濂溪先生曰：仲由喜闻过，令名无穷焉。今人有过，不喜人规，如护疾而忌医，宁灭其身而无悟也。噫！

【译文】

周敦颐说：子路愿意听他人说自己的缺点，因此美名无穷。现在的人身上有缺点，却不喜欢他人劝谏，就如护着自身的疾病而忌讳医治，宁可自取灭亡也不愿醒悟。唉！

伊川先生曰：德善日积，则福禄日臻。德逾于禄，则虽盛而非满。自古隆盛，未有不失道而丧败者也。

【译文】

程颐说：德与善每一天慢慢积累，那么福禄便会一天天变多。德行超过了他的禄位，那么他所享用的禄达到极盛也不能叫作满。自古以来兴隆昌盛的人家，没有不丧失正道而会败落的呀。

人之于豫乐，心悦之，故迟迟，遂至于耽恋不能已也。《豫》之六二，以中正自守，其介如石，其去之速，不俟终日。故贞正而吉也。处豫不可安且久也，久则溺矣。如二可谓见几而作者也。盖中正故其守坚，而能辨之早，去之速也。

【译文】

人们对于安适快乐，内心感到喜悦，迟迟不肯舍去，导致最终沉湎安适快乐而无法自我控制。《豫》卦的六二爻，处于中正之位，能够坚定自守,像石一样高介,摆脱安适快乐非常迅速,用不了一天的时间。因此此爻处于坚贞中正之位终获吉利。人处于安适快乐的环境之中不能安然且长久,长期处于安适快乐的环境之中就会沉湎其中。像六二爻,可以说是非常明智一见征兆就迅速采取行动。因为此爻处中正之位因此能坚定自守,又能提早辨别安适快乐的祸害,而迅速地摆脱它。

人君致危亡之道非一,而以豫为多。

【译文】

君主导致国家危亡的原因很多,而其中最严重的是沉湎于逸豫安乐。

圣人为戒,必于方盛之时。方其盛而不知戒,故狃安富则骄侈生①,乐舒肆则纲纪坏,忘祸乱则衅孽萌,是以浸淫不知乱之至也。

【注释】

① 狃:贪图。

【译文】

圣人一定在正当兴盛的时候戒备祸患的发生。处于兴盛之时而不懂得要戒惧,因而贪图安乐富足,那么骄侈之风就会出现,乐于舒适肆意法度纲常自然会败坏,不重视祸乱各种事端就会萌生,所以就像水越积越多一样,最后祸乱就会不期而至。

大率以说而动,安有不失正者?

【译文】

大体说来因为彼此相悦而心生萌动的,其动哪里不会失其正道呢?

男女有尊卑之序,夫妇有唱随之理,此常理也。苟徇情肆欲,唯说是动,男牵欲而失其刚,妇狃说而忘其顺,则凶而无所利矣。

【译文】

男女有尊卑的秩序,夫妇有唱随的情理,这是通常道理。如果屈从私情放纵情欲,为所喜爱的人而躁动不安,那么男人就被情牵制而失去其刚强之性,女人就沉湎于欢爱而忘记柔顺之性,这样只会招致凶而没有利。

人有欲则无刚,刚则不屈于欲。

【译文】

人怀有欲望之心就缺乏刚毅之气,一个人刚毅的话就不会为欲望所屈。

人之过也,各于其类。君子常失于厚,小人常失于薄;君子过于爱,小人伤于忍。

【译文】

一个人会犯何种错误,要归属于与他同类的人,同类的人所犯的错误差不多。君子常常由于过分宽厚而招致过失,小人常常由于刻薄而招致过失;君子的毛病就是过分地爱人,小人的毛病就是为人残忍。

明道先生曰:富贵骄人,固不善;学问骄人,害亦不细。

【译文】

程颢说:凭借着富贵而傲视他人,当然是不好的做法;凭借着自身有学问而傲视他人,其祸害也不小。

人以料事为明,便浸浸入逆诈亿不信去也。

【译文】

人们都认为能够预料未来的事情是明察之举,那是事先猜疑别人存心欺诈、臆断别人不诚信。

疑病者,未有事至时,先有疑端在心;周罗事者,先有周事之端在心。皆病也。

【译文】

有多疑这种毛病的人,事情还没有出现的时候,他心中已经先有怀疑之念;爱管闲事的人,他心中同样先萌生揽事之念。这些都是毛病。

做官夺人志。

【译文】

为官的话容易让人改变志向。

骄是气盈,吝是气歉。人若吝时,于财上亦不足,于事上亦不足,凡百事皆不足,必有歉歉之色也。

【译文】

骄傲之人是气太充满,吝啬之人是气不足够。一个人吝啬的话,在钱财上也表现为不足,在做事上也表现为不足,面对所有的事情都表现为不足,脸上总是一副不满足的神情。

未知道者如醉人。方其醉时,无所不至;及其醒也,莫不愧耻。人之未知学者,自视以为无缺。及既知学,反思前日所为,则骇且惧矣。

【译文】

不明白圣贤之道的人就跟喝醉酒的人一样。他酒醉的时候，无论什么事都做得出来；酒醒之后，没有不感到羞耻。人未学道的时候，认为自己什么都明白。等待学习了解之后，想一想过去的一言一举，就会感到惊骇恐惧了。

邢七云①："一日三检点。"明道先生曰："可哀也哉！其余时理会甚事？盖仿三省之说错了，可见不曾用功。"又多逐人面上说一般话，明道责之，邢曰："无可说。"明道曰："无可说，便不得不说。"

【注释】

① 邢七：即邢恕，程颢的门人。其为人品行不好。《论语·学而》曰："曾子曰：吾日三省吾身。"

【译文】

邢恕说："一天之中三次查点自身。"程颢说："可哀啊！其他的时间都用来考虑什么事情呢？这大概是效法曾子'吾日三省吾身'而理解错了，可见平时没有怎么用功学习。"邢恕又经常跑到大家面前说大话，程颢批评他，他回答说："其实也没什么值得说。"程颢说："既然没有什么值得说，就应该清楚当说不当说这个尺度。"

横渠先生曰：学者舍礼义①，则饱食终日，无所猷为②，与下民一致③，所事不逾衣食之间、燕游之乐尔。

【注释】

① 舍礼义：即不践行礼义之事。

② 猷：谋虑、计划。

③ 下民：《论语·季氏》曰："困而不学，民斯为下矣。"下民，此处指知识浅陋而不学习的下等人。

张载说：求学向道的人如果不践行礼义之事，那就是成天吃饱喝足，无所事事，与知识浅陋而不学习的下等人一样了，所做之事不过是追求衣服饮食、宴饮游乐的乐趣罢了。

郑卫之音悲哀①，令人意思留连，又生怠惰之意，从而致骄淫之心。虽珍玩奇货，其始惑人也，亦不如是切，从而生无限嗜好。故孔子曰：必放之。亦是圣人经历过，但圣人能不为物所移耳。

【注释】

① 郑卫之音：春秋时郑国和卫国的音乐。《论语·卫灵公》曰："放郑声，远佞人。郑声淫，佞人殆。"

【译文】

郑国和卫国的音乐悲哀，令人听了留恋不舍，又让人产生懈怠懒惰之情，从而生发骄纵放荡之心。即使是珍贵的玩赏物、新奇的事物，其最开始迷惑人心，也不像这样深切，从而产生无穷无尽的嗜好。因此孔子说：一定要将它抛弃。这也是圣人经历过事情，只是圣人能够做到不被外物牵制罢了。

孟子言反经，特于乡原之后者①，以乡原大者不先立，心中初无主，惟是左右看，顺人情，不欲违，一生如此。

【注释】

① 反经：恢复常道。乡原：指乡中貌似谨厚，而实与流俗合污的伪善者。《孟子·尽心下》中对乡原的定义是："非之无所举也，刺之无所刺也，同乎流俗，合乎污世，居之似忠信，行之似廉洁，众皆悦之，自以为是，而不可与入尧舜之道，故曰'德之贼'也。孔子曰：恶似而非者；恶莠，恐其乱苗也；恶佞，恐其乱义也；恶利口，恐其乱信也；恶郑声，恐其乱乐也；恶紫，恐其乱朱也；恶乡原，恐其乱德也。君子反经而已矣，经正则庶

民兴。"

孟子论述恢复常道,特意安排在说完乡原之后,是因为乡原没有事先确立大是大非的原则,内心本来没有自己的主张,只是左右环顾,顺从外部的人情世事,不想违背得罪任何一方,一辈子都是这样。

近思录

172

卷十三　异端

明道先生曰：杨、墨之害①,甚于申、韩②;佛、老之害③,甚于杨、墨。杨氏为我疑于义;墨氏兼爱疑于仁。申、韩则浅陋易见。故孟子只辟杨、墨,为其惑世之甚也。佛、老其言近理,又非杨、墨之比,此所以其惑尤甚。杨、墨之害,亦经孟子辟之,所以廓如也。

【注释】

① 杨、墨：杨朱和墨翟,战国时的思想家,杨朱提倡为我,墨子提倡兼爱,都是儒家的反对派。

② 申、韩：战国时法家代表人物申不害和韩非,提倡刑名法术和君主以权术御下。

③ 佛、老：即佛教和道家。

【译文】

程颢说：杨、墨两家学说比申、韩的危害还严重;而佛、老又比杨、墨的危害严重。杨朱提倡为我,接近义;墨家提倡兼爱,又接近仁。申、韩的则肤浅陋劣,一眼就能看出其中的错误。所以孟子单单批驳了杨、墨的学说,因为他们严重地迷惑了世人。佛、老的言论近理而又非杨、墨可比,所以迷惑世人就更为严重。杨、墨的危害经过孟子的驳斥,便清晰明了了。

伊川先生曰：儒者潜心正道,不容有差。其始甚微,其终则不可救。如"师也过,商也不及",于圣人中道,师只是过于厚些,商只是不及些。然而厚则渐至于兼爱,不及则便至于为我。其过、不及,同出于儒者,其末遂至杨、墨。至如杨、墨,亦未至于无父无君,孟子推之便至于此,盖其差必至于是也。

程颐说：儒者专心于正道，不容有偏差。一旦有偏差，开始看来极其微小，结果则不可救药。好比说："子张有过而子夏不及。"相对于圣人的中正之道，子张稍微超过了一点点，子夏稍微差了一点点。可是超过的这一点就渐渐变成兼爱，差那一点点就变成了为我。二者均出于儒者，最终却变成为我和兼爱。至于杨、墨，还没发展到无父无君的程度，被孟子加以推理，就到了这样的局面，就是因为偏差必然导致这样。

所以谓万物一体者，皆有此理①，只为从那里来。"生生之谓易"②，生则一时生，皆完此理。人则能推，物则气昏推不得，不可道他物不与有也。人只为自私，将自家躯壳上头起意，故看得道理小了他底。放这身来，都在万物中一例看，大小大快活③。释氏以不知此，去他身上起意思，奈何那身不得，故却厌恶，要得去尽根尘④。为心源不定，故要得如枯木死灰。然没此理，要有此理，除是死也。释氏其实是爱身，放不得，故说许多。譬如蛣蜣之虫，已载不起，犹自更取物在身。又如抱石投河，以其重愈沉，终不道放下石头，惟嫌重也。

【注释】

① 此理：即理学家所说的"先天地而生又禀赋于万物"的道理。

② 生生之谓易：出自《周易·系辞上》。生生：繁衍不绝。

③ 大小大：宋朝俚语，何等、多么的意思。

④ 根尘：佛家所说的六根六尘，六根即耳、目、口、鼻、身、意，六尘即色、声、香、味、触、法，眼入色、耳入声、鼻入臭、舌入味、身入触、意入法，为六入，认为幻尘灭故幻根亦灭，幻根灭故幻心亦灭。所以要去尽根尘。

【译文】

之所以说万物一体，是因为万物都具备这同一天理，一切均来自天理之中。《周易》说："生生不已者为易。"按照道所说万物是生生不已的，而物则是一时所生，所有的人和物，从他生成的时刻，理就完备无缺。人能推扩此理,因为禀气清和,物因为禀气昏而不能推而广之,但不可说物不与人一样具有此理。因为人生来自私,仅仅从自己身体上去思考,所以把世间无所不在的理都小看了。要把人与万物一样看待,大大小小的一切事物都显得极其快活。佛家不懂身与万物为一的道理,仅仅从自身去思考,又对身体无可奈何,便厌恶躯体,想去除六根六尘,归于清净。可是心源又不定,所以要让人心如同枯木死灰一样无息无动。然既有身有心,就不可能都如同枯木死灰一样,要这样,除非死去。佛家其实都是爱惜自己身体的,放不下,无法抛开物我之别把自身等同于万物,所以才说了很多舍弃身躯的话。就如同一只背着东西的小虫,背上已经不堪重负,仍要再取物放在身上。佛教因为躯体的负累,已经无法承受,还是不肯放下。

人有语导气者,问先生曰:君亦有术乎? 曰:吾尝夏葛而冬裘,饥食而渴饮,节嗜欲,定心气,如斯而已。

【译文】

有一个讲"导气"这种养生术的人,问程颢:您也有养生之术吗? 程颢回答说:我通常是夏天穿单葛衣冬天穿皮衣,肚子饿了就吃饭,口渴了就喝水,节制自己的嗜好和欲望,平静自己的心气,如此而已。

佛氏不识阴阳、昼夜、死生、古今,安得谓形而上者与圣人同乎?

【译文】

佛家连阴阳、昼夜、死生、古今是怎样形成的都不懂,怎么能说他们所谓的形而上者与儒家所说的形而上者相同呢?

释氏之说,若欲穷其说而去取之,则其说未能穷,固已化而为佛矣。只且于迹上考之。其设教如是,则其心果如何? 固难为取其心不取其迹,有是心则有是迹。王通言心迹之判,便是乱说。故不若且于迹上断定不与圣人合,其言有合处,则吾道固已有。有不合处,固所不取。如是立定,却甚省易。

【译文】

程颐说:佛教的学说,若想彻底研究然后加以取舍,则其学说还没能研究透,自己就已经成为佛教徒了。只能从它的行为举止上去考察。他们的教义这样设立,究竟是何居心呢?故而不能只考察他的存心而不考察他的行事,因为有这样的存心,就会有这样的行事。王通说心和迹的分别,简直是胡说。因此不如先断定它行事上违背圣人,即使其言论有某些符合之处,这是我儒家中本来已有说法。有不相符合之处,当然不能吸取。这样确立根本,就容易多了。

谢显道历举佛说与吾儒同处问伊川先生,先生曰:恁地同处虽多,只是本领不是,一齐差却。

【译文】

谢良佐历举佛家学说与儒家相同的地方询问程颐,程颐回答道:这样相同的地方虽然很多,但是只要根本与主旨不对,便全部都不一样了。

横渠先生曰:释氏妄意天性,而不知范围之用,反以六根之微因缘天地①,明不能尽,则诬天地日月为幻妄,蔽其用于一身之小,溺其志于虚空之大,此所以语大语小,流遁失中。其过于大也,尘芥六合;其蔽于小也,梦幻人世。谓之穷理可乎?不知穷理而谓之尽性可乎?谓之无不知可乎?尘芥六合②,谓天地为有穷也;梦幻人世,明不能究其所从也。

【注释】

① 六根:眼、耳、鼻、舌、身、意。

② 六合:东、南、西、北、上、下。

【译文】

张载说：佛家妄自臆测天性，而不知道天理造化万物的功用，反而以为人的感官是生成天地的因缘，他们的智力不足以彻底了解宇宙万物的来源，就胡说万物皆是幻妄，因为自身的闭塞所以不知天地功用之大，同时又沉溺于对空泛的大道理的追求，因此他们说大说小，全都荒诞而不得要领。其关于大的主张，错误在于，以为一微尘芥子中有天地四方；关于小的主张，蒙蔽处在于，认为人世全是心的梦幻。说他们能穷究事理吗？说他们不能穷尽事理却能充分扩充其本善之性吗？抑或说他们无所不知吗？如果说尘芥之中有六合，那天地是有穷尽的；认为人世是虚幻的，说明他们无法探究人世的来源。

大《易》不言有无。言有无，诸子之陋也。

【译文】

《易经》不讲有无。讲有无，是诸子的肤浅陋劣之处。

浮图明鬼①，谓有识之死，受生循环②，遂厌苦求免③，可谓知鬼乎？以人生为妄见④，可谓知人乎？天人一物，辄生取舍，可谓知天乎？孔孟所谓天，彼所谓道。惑者指"游魂为变"为轮回⑤，未之思也。大学当先知天德，知天德，则知圣人、知鬼神。今浮图剧论要归，必谓死生流转，非得道不免，谓之悟道可乎？自其说炽传中国，儒者未容窥圣学门墙⑥，已为引取，沦胥其间，指为大道。乃其俗达之天下，致善恶、知愚、男女、臧获，人人著信。使英才间气，生则溺耳目恬习之事⑦，长则师世儒崇尚之言，遂冥然被驱，因谓圣人可不修而至，大道可不学而知。故未识圣人心，已谓不必求其迹；未见君子志，已谓不必事其文。此人伦所以不察，庶物所以不明，治所以忽，德所以乱。异言满耳，上无礼以防其伪，下无学以稽其弊。自古诐、淫、邪、遁之辞，翕然并兴，一出于佛氏之门者，千五百年。向非独立不惧，精一自信，有大过人之才，何以正立其间,与之较是非、计得失哉?

【注释】

① 明鬼:《墨子·明鬼》篇,阐明鬼的存在。

② 受生循环:六道轮回,佛家术语,即认为人死后为鬼,鬼在天道、人道、阿修罗道、畜生道、饿鬼道、地狱道这六道中循环转变,最为痛苦恐怖,只有得道成佛到极乐世界,才能免除这种痛苦。

③ 厌苦:指厌烦轮回之苦。

④ 妄见:佛家术语,和"真如"相对。佛教认为一切皆非实有,肯定存在都是妄见。

⑤ 游魂:儒家指的是游散之气。《周易·系辞上》:"精气为物,游魂为变,是故知鬼神之情状。"

⑥ 门墙:师承之门。《论语·子张》:"夫子之墙数仞,不得其门而入。"

⑦ 耳目恬习:指见闻多了不以为怪。

【译文】

佛教阐明鬼,说那些有见识的鬼,在遭受轮回时,会因厌倦轮回之苦而寻求免于轮回之道。这能说佛家明白什么是鬼吗?佛教主张人生是虚幻不实的,这能说他们了解人生吗?天与人原本相辅相成浑然一体,佛家却抛弃人事而追求升天成佛,这能说他们懂得什么是天吗?孔子、孟子所说的天,他们却认为是道。被佛家所迷惑的人又把"游魂为变"当作六道轮回,简直是没有经过思考的胡说。学习儒家学说的人应该先知道天道运行的原因,了解了天道运行的原因,也就明白了圣人的观点,同时也明白了什么是鬼神。现在佛家学说的根本,一定要说到轮回,言除非得道成佛的人,不然不能免于轮回之苦,这能说他们悟解了道吗?自佛家学说盛传于中国,读书人在没来得及窥见儒家圣学的师门的情况下,已经被佛家学说诱惑去,沉陷其中,认为佛教为高明的学说。佛家之俗风靡天下,以至于无论善恶、智愚、男女、奴婢,人人信服。纵然有英雄豪杰,一出生便耳濡目染看惯了佛家之事,长大后又学习了无学无识的俗儒崇尚佛教的言论,于是糊里糊涂地被驱赶到佛家那里去了,为佛家顿悟及识心成佛之说迷惑，因此认为不用修行就能成为圣人，不用学习就能参悟大道。所以还不明白圣人的存心，就认为不必知道圣人的行事；还无法理解君子的志趣，就以为不必去阅读他们的书籍。故而不能体察人事之序，不能明了事物之情，政事因此被忽视，德行因此被搞乱。异端邪说洋洋盈耳，在上者没有法律以防其虚诈，在下的人没有学问不能辨别其危害。从古代以来的一切诐辞、淫辞、邪辞、遁词，一下子全都发展起来，全部是来自佛家之门，已经一千五百年之久。要是不能独立不惧，精诚专一坚定自信，有远远超过一般人才识的人，怎么能卓然处身其间，而与之较量、辨析是非得失呢？

卷十四　圣贤

明道先生曰：尧、舜更无优劣，及至汤、武便别。孟子言"性之""反之"，自古无人如此说，只孟子分别出来，便知得尧、舜是生而知之，汤、武是学而能之。文王之德则似尧、舜，禹之德则似汤、武。要之皆是圣人。

【译文】

程颢说：尧和舜的治理水平没有优劣之分，到了商汤和周武王，便有了区别。孟子说："尧、舜的仁德是来自天性"，"汤、武的仁德是恢复了其本来的善性"，自古没有人说这样的话，只有孟子把他们区分出来，这便可知道尧、舜是生而知之，汤、武是学而能之。周文王之德则接近于尧、舜，大禹之德则接近于汤、武。总体来说都是圣人。

仲尼，元气也；颜子，春生也；孟子并秋杀尽见。仲尼无所不包，颜子示"不违，如愚"之学于后世，有自然之和气，不言而化者也。孟子则露其才，盖亦时焉而已。仲尼，天地也；颜子，和风庆云也；孟子，泰山岩岩之气象也。观其言皆可见之矣。仲尼无迹，颜子微有迹，孟子其迹著。孔子尽是明快人，颜子尽岂弟，孟子尽雄辩。

【译文】

孔子含蓄博大，深不可测，就如天地一元之气；颜回就如祥和的春风春雨，让人感受到万物生长的气息；孟子批驳异端，严厉如同秋天肃杀之气。孔子道德兼备，包含一切的善行，颜回展示给后人一种"不违背孔子的话，像是迟钝"的学习精神，如自然般和气，使后人不言自化。孟子则显现自己的才华，那是因为时势使他如此的呀。孔子就如天地般无不覆无不载，高明博厚；颜回就如和风庆云般吉庆祥和；孟子有山岩刚强峻拔直如泰山壁立的气象。这通过观察他们语言的不同风格就可以明白了。孔子之道与天地日月同辉，无迹可循，颜回则稍微露出些迹象，孟子则是心迹显著，发挥透彻。孔子全然是一个明快人，颜回都是谦和，孟子尽是雄辩。

曾子传圣人学，其德后来不可测，安知其不至圣人？如言"吾得正而毙"，且休理会文字，只看他气象极好，被他所见处大。后人虽有好言语，只被气象卑，终不类道。

【译文】

曾参传授至圣孔子的学问，他的德行后来达到深不可测的地步，凭什么知道他没有达到圣人的高度呢？如他说"我只愿意规规矩矩合礼地死去"，暂且不要琢磨文字，只看他气象风度极好，他所注意到的是大处。后人虽然也有些不错的言论，但是因为气度低下，怎么看也不像个有道的人。

传经为难，如圣人之后才百年，传之已差。圣人之学，若非子思、孟子，则几乎息矣。道何尝息？只是人不由之。"道非亡也，幽、厉不由也。①"

【注释】

① "道非亡也，幽、厉不由也"：出自《汉书·董仲舒传》。幽、厉：指周幽王、周厉王，周代的昏君。

【译文】

传承圣人之经典学问的困难，就如孔子逝世后才一百多年，传承就已经有了偏颇。圣人的学说，若非子思、孟子的发扬，那几乎要失传了。圣人之道哪里曾熄灭过，只是后人不懂得去实行。就像董仲舒说："周文王、武王的政治理想并没有消失,只是幽王、历王不实行。"

荀卿才高^①,其过多;扬雄才短^②,其过少。

【注释】

① 荀卿:名况,字卿。著名思想家、文学家、政治家,儒家代表人物之一,时人尊称"荀卿"。荀子提倡性恶论,常被拿来与孟子的性善论比较。荀子对重整儒家典籍也有相当大的贡献。

② 扬雄:字子云,又作杨雄,西汉思想家、文学家。

【译文】

荀子见识高远,言论大胆,所以过错也较多;扬雄见识短浅,行事仿照圣贤,所以过错也较少。

荀子极偏驳,只一句"性恶",大本已失;扬子虽少过,然已自不识性,更说甚道?

【译文】

荀子的主张相当偏颇驳杂,但是一句"性恶",大方向就错了;扬雄虽然很少有错误,但他不懂得性,还谈什么道呢?

董仲舒曰:"正其谊,不谋其利;明其道,不计其功。"此董子所以度越诸子。

【译文】

董仲舒说:"先弄清楚什么是义,什么是不义,而不必急着去谋求利益;了解圣人之道,而不计较功利。"这是董仲舒超越诸子的原因。

汉儒如毛苌、董仲舒^①,最得圣人之意,然见道不甚分明。下此至于扬雄,规模又窄狭矣。

【注释】

① 毛苌：汉代人，为《诗经》作过传，又作毛长，曾为河间献王博士。

【译文】

汉朝儒家的代表人物毛苌、董仲舒，最接近圣人之意，但对圣人之道认识得还不够明朗。在他们之下的扬雄，其气象就更狭隘了。

林希谓扬雄为禄隐①。扬雄，后人只为见他著书，便须要做他是，怎生做得是？②

【注释】

① 林希：字子中，宋朝长乐人。王安石的女婿。禄隐：扬雄在王莽朝为官开脱的话。

【译文】

林希认为扬雄是食禄的隐士。扬雄，后人只是因为看到他写的书，便肯定他的作为，怎么可以呢？

孔明有王佐之心①，道则未尽。王者如天地之无私心焉，行一不义而得天下，不为。孔明必求有成而取刘璋②。圣人宁无成耳，此不可为也。若刘表子琮③，将为曹公所并，取而兴刘氏，可也。

【注释】

① 孔明：诸葛亮，字孔明，号卧龙，山东琅琊都（今山东临沂）人，三国时蜀汉丞相。辅佐刘备创立蜀汉。

② 刘璋：字季玉，继父亲刘焉担任益州牧，后为刘备所败。

③ 刘表子琮：刘表的儿子刘琮。刘表，字景升，东汉末年名士，荆州牧，汉末群雄之一。刘表死后，其子刘琮继为荆州牧，曹操南下，刘琮以荆州降曹操。

【译文】

诸葛亮有复兴王业之心，但不能深入洞察圣人之道。以追求仁政治理天下的王者,即使只做一件不义的事就能得到天下,他也不肯做。诸葛亮为了追求成功而夺取刘璋的益州。圣人宁可不成功,也不会做这种事情。就像刘表的儿子刘琮,被曹操吞并,但是为了兴刘氏而夺取荆州的,这样做是可以的。

韩愈亦近世豪杰之士,如《原道》中言语虽有病,然自孟子而后,能将许大见识寻求者,才见此人。至如断曰:"孟子醇乎醇。"又曰:"荀与扬,择焉而不精,语焉而不详。"若不是他见得,岂千余年后,便能断得如此分明?

【译文】

韩愈也是近世杰出的人士,他的《原道》一文中言语虽有些缺点,但从孟子之后,能够把这样伟大的见识阐述出来,仅仅他一个人。至于断定说:"孟子是醇而又醇的儒者。"又评价"荀子与扬雄,其学术选择得不够严谨,解释得又不够详明"。要不是他真的有正确的见地,怎能在孟子死后千年,论述得如此清楚呢?

学者本是修德,有德然后有言[1]。退之却倒学了,因学文日求所未至,遂有所得。如曰:"轲之死不得其传[2]。"似此言语,非是蹈袭前人,又非凿空撰得出,必有所见。若无所见,不知言所传者何事。

【注释】

[1] 有德然后有言:《论语·宪问》:"子曰:有德者必有言,有言者不必有德。"

[2] 轲之死不得其传:出自韩愈《原道》:"斯吾所谓道也,非向所谓老与佛之道也。尧以是传之舜,舜以是传之禹,禹以是传之汤,汤以是传之文武周公,文武周公传之孔子,孔子传之孟轲。轲之死,不得其传焉。"

学道的目的是修德,拥有德行才能写出好文章。韩愈却反过来学了,他是因为要学写文章,每天学习自己不能达到的东西,故而就对圣人之道有了一定的造诣。比如他说:"孟轲之后圣人之道没有能延续下来。"这样的言论,不是因袭前人,亦非凭空杜撰出来的,必须要有自己的认识。若不是自己有见解,就不知道他自己认为的圣贤所传承下来的是什么东西。

刘安礼云[①]:明道先生德性充完,粹和之气,盎于面背,乐易多恕,终日怡悦。立之从先生三十年,未尝见其忿厉之容。

【注释】

① 刘安礼:刘立之,程颢、程颐弟子。

【译文】

刘立之说:程颢先生德行充实完美,粹和之气充溢在身体周围,和祥欢乐,平易宽大,一整天都是喜悦的。我追随先生三十年,从未见过他有愤愤严厉的脸色。

吕与叔撰《明道先生哀词》云:先生负特立之才,知大学之要;博文强识,躬行力究;察伦明物,极其所止;涣然心释,洞见道体。其造于约也,虽事变之感不一,知应以是心而不穷;虽天下之理至众,知反之吾身而自足。其致于一也,异端并立而不能移,圣人复起而不与易。其养之成也,和气充浃,见于声容,然望之崇深,不可慢也;遇事优为从容不迫,然诚心恳恻,弗之措也。其自任之重也,宁学圣人而未至,不欲以一善成名;宁以一物不被泽为己病,不欲以一时之利为己功。其自信之笃也,吾志可行,不苟洁其去就;吾义所安,虽小官有所不屑。

吕大临在《明道先生哀词》一文中说：先生他负有特立独出之才能，懂得高深学问的要领；知识丰富，记忆力强，亲身实践努力探究；体察人伦明白事理，透彻地掌握了人之所当止；心中像涣然冰释，透彻理解了大道的本体。他的学问自博而返于约，掌握的要领就在自己一心一身。虽然外事作用于我者变化不一，他明白心是应物之主，以一心随感而应也没有穷尽；天下之理虽然众多，他明白万理皆备于我身，反求于我身则一切理都可自足。他的修养达到了精诚致一的地步，异端之学并兴也不能改变他的自信之心，圣人再生也不会修改他的学说。他的德行养成了，太和之气充盈透彻，在声音容貌表现出来，使人望见其崇高渊深，无法轻慢；遇事当为而为，从容不迫，然而其至诚之心诚恳深切，做不好决不放弃的。他对自己希望和要求远大，宁可学圣人而未能达到，也不凭借一种善行来美德成就名声；宁可把天下有一物不受圣人恩泽看作自己的过错，追求使自己的君主成为尧舜一样的圣君，不把一时的有利于人作为追求的事功。他自信笃厚，只要我的志向能够推行，就不故作高洁而去其位；只要是依据道义去实行的我就会觉得心安理得，虽有小官可做也不屑一顾。

吕与叔撰《横渠先生行状》云：康定用兵时，先生年十八，慨然以功名自许，上书谒范文正公①。公知其远器，欲成就之，乃责之曰："儒者自有名教②，何事于兵？"因劝读《中庸》。先生读其书，虽爱之，犹以为未足，于是又访诸释老之书累年，尽究其说，知无所得，反而求之六经。嘉祐初，见程伯淳、正叔于京师，共语道学之要。先生涣然自信曰："吾道自足，何事旁求！"于是尽弃异学，淳如也。晚自崇文移疾，西归横渠，终日危坐一室，左右简编，俯而读，仰而思，有得则识之。或中夜起坐，取烛以书。其志道精思，未始须臾息，亦未尝须臾忘也。学者有问，多告以知礼成性、变化气质之道，学必如圣人而后已。闻者莫不动心有进。尝谓门人："吾学既得于心，则修其辞；命辞无差，然后断事；断事无失，吾乃沛然。精义入神者③，豫而已矣。"先生气质刚毅，德盛貌严。然与人居，久而日亲。其治家接物，大要正己以感人。人未之信，反躬自治，不以语人。虽有未喻，安行而无悔。故识与不识，闻风而畏，非其义也，不敢以一毫及之。

【注释】

① 范文正公：范仲淹，字希文，北宋政治家、文学家。谥号"文正"。

② 名教：指儒家进行教化的名分、名目、名节、功名，这里泛指儒家学说。

③ 精义入神：出自《周易·系辞下传》："尺蠖之屈，以求信也。龙蛇之蛰，以存身也。精义入神，以致用也。利用安身，以崇德也。过此以往，未之或知也。穷神知化，德之盛也。"

【译文】

吕大临在所写《横渠先生行状》中说：仁宗康定年间和西夏起战事的时候，张载先生年纪十八，当时豪爽以建功扬名边疆自许，上书谒见范仲淹。范仲淹晓得他是理想远大的有才之士，想要让他有所作为，于是责备他说："儒生自有儒家的学说，怎么要从事于军事？"于是劝说他诵读《中庸》。张载先生读《中庸》这本书，虽然喜爱，但仍感到不满足，于是又访求于佛教、道家的书籍，读了许多年，对佛、道的学问有透彻的了解，知道所获甚少，又回过头来研读六经。嘉祐初年，与程颢、程颐兄弟在京师相见，一起探讨道学的要义。先生他心中疑惑涣然冰释，自信地说："我们儒学的道理自身非常充足，为什么要去寻求其他学派的学说？"于是全部放弃异端学说，成为一个忠厚正直的儒者。晚年因为生病向崇文院辞职西归回到横渠镇，整天恭恭敬敬坐在一间房屋内，左右放的都是书籍，埋头苦读，仰头思考，有所领会的地方就记下来。有时候半夜起身而坐，拿来灯烛去写书。他对圣贤之道的追求与深入思考，从未有一会儿的停息，也从来没有片刻的忘记。学生有所请教，多告诫他们学习礼仪并用礼来涵养本性，以及用学问来改变气质的方法，要求学生学习一定要达到圣人的程度才可以。听到他这些话的人没有不感发于心而有所进步。他曾经对弟子说:"我做学问时心中有所感悟的时候,就用适当的言辞表达出来;表达得没有差错,然后用来判断事物;判断事物没有失误,我就感到心中充沛了。精通熟悉义理,进入神妙的境界,就要在事情没有发生时,先要熟悉地了解有关这件事的道理,如此而已。"先生他气质刚强坚毅,行德充盛,容貌严肃。但与他人相处,时间久了就会发现他很容易亲近。他在做学问和待人接物上,总的来说都是端正自己来感化他人。他人不能够信任他,他就回过头来自我修养,而没有告诉他人。虽然有的人自始至终都不能理解他的用心,他照样安然地去践行并不感到后悔。所以认识他的与不认识他的人,闻其风便畏惧地信服了,不合道义的事,一根毫毛也不敢加在他身上。

横渠先生曰:二程从十四五时,便锐然欲学圣人。

【译文】

张载说:程颢、程颐两兄弟,在十四五岁的时候,就立志锐意要学习圣人。